Fabian Pasalk

111 Orte in Essen, die man gesehen haben muss

(111)

emons:

Bibliografische Information der Deutschen Nationalbibliothek
Die Deutsche Nationalbibliothek verzeichnet diese Publikation
in der Deutschen Nationalbibliografie; detaillierte bibliografische
Daten sind im Internet über http://dnb.d-nb.de abrufbar.

© Emons Verlag GmbH
Alle Rechte vorbehalten
© der Fotografien: Fabian Pasalk
Layout: Eva Kraskes, nach einem Konzept
von Lübbeke | Naumann | Thoben
Kartografie: altancicek.design, www.altancicek.de
Kartenbasisinformationen aus Openstreetmap,
© OpenStreetMap-Mitwirkende, ODbL
Druck und Bindung: B.O.S.S Medien GmbH, Goch
Printed in Germany 2016
ISBN 978-3-95451-924-8
Originalausgabe

Unser Newsletter informiert Sie
regelmäßig über Neues von emons:
Kostenlos bestellen unter
www.emons-verlag.de

Vorwort

Wer nach Informationen zur Zeche Zollverein, der Villa Hügel oder dem Grugapark sucht, sollte dieses Buch zur Seite legen – sie sind nicht enthalten. Denn so schön Essens Aushängeschilder auch sind, die Stadt bietet mehr und sollte nicht auf sie reduziert werden.

Wussten Sie, dass Essen sein eigenes Bergbaumuseum hat oder dass Hollywood in Heisingen liegt? Was es mit dem Krausen Bäumchen oder mit dem Wachsamen Hähnchen auf sich hat? Was versteht man unter Borbecker Halblang, wo genau entspringt die Türkenquelle, und wie logiert es sich in einem Bauwagenhotel?

Dieses Buch beantwortet all diese Fragen und nimmt Sie mit auf eine Entdeckungstour der besonderen Art: von musealen Kleinoden über skurrile Kunstwerke und Trendsportanlagen bis zu historischen Bauten. Tauchen Sie ein in die Geheimnisse der Ruhrmetropole und entdecken Sie 111 Orte in Essen, die man gesehen haben muss. Manche Orte fordern auf, sich mit dem Umfeld oder dem Stadtteil auseinanderzusetzen, um selbst neue Winkel zu erschließen; manche Orte bestechen einfach durch ihren markanten Charakter, und manche führen sie zu verborgenen Schätzen inmitten der Natur. Denn unter der jahrzehntealten Patina aus Kohle- und Staubschichten entdeckte man jüngst, dass Essen eine der grünsten Städte Deutschlands ist, und würdigte dies 2017 mit dem Titel »Grüne Hauptstadt Europas«.

Viel Spaß bei dem Perspektivwechsel, beim Kennenlernen der kleinen, liebevollen Details, bei der Neuentdeckung unserer Stadt. Glück auf!

111 Orte

1 — Am Hohen Kreuz
   Hinunter ans Hardenbergufer | 10
2 — An der Kirchtreppe
   Vom Martin-Luther- hinab zum Tuchmacherplatz | 12
3 — Das Asbachtal
   Wolliges Honiggras und die A44 | 14
4 — Auf Helmut Rahns Spuren
   Präsent in der ganzen Stadt | 16
5 — Die Bäume des Jahres
   Ein Lehrpfad am Stadtwaldfriedhof | 18
6 — Das Bauwagenhotel
   Mit Kray fing alles an | 20
7 — Das Bergbau- und Heimatmuseum
   Der Tag des Bergmanns im Paulushof | 22
8 — Das Bernewäldchen
   Beim Spielen wiederentdeckt? | 24
9 — Der Bismarckturm
   Fernblick in den Landschaftspark | 26
10 — Die Bleichinsel
   Brücke über den Mühlengraben | 28
11 — Der Borbecker Halblang
   Ein Brunnen für jene, die hineinwuchsen | 30
12 — Das Brandmal
   Friedenskirche rußgeschwärzt | 32
13 — Das Bürgerhaus Oststadt
   Erstes seiner Art in Nordrhein-Westfalen | 34
14 — Der Carbon Obelisk
   Landmarke mit epochalem Bezug | 36
15 — Die Carl-Humann-Büste
   Die Entdeckung des Pergamonaltars | 38
16 — Das ChorForum
   Eine Kirche für Gesang | 40
17 — Der Dellwiger Dom
   Von einer Notkirche zu einem Monument | 42
18 — Das Denkmalgebiet Hü'weg
   Für einen Bürgermeister, den es nicht mehr gab | 44

19 ___ Das Deutsch-Französische Kulturzentrum
Von Comicsammlung bis Musikfestival | 46

20 ___ Der Donjon
Kein Kerker, ein Wohnturm | 48

21 ___ Essens tiefster Punkt
Postkartenidylle in der Mathias-Stinnes-Siedlung | 50

22 ___ Die Eyhof-Siedlung
Eine Insel und ein Hagelkreuz | 52

23 ___ Die Flugsimulatoren
Von Boeing bis De Havilland | 54

24 ___ Der Fördergerüst-Kirchturm
Wenn der Weg zur Bildung unter Tage liegt | 56

25 ___ Das Fort Kiekenberg
Die Rückkehr der Kunst in altes Gemäuer | 58

26 ___ Die Friedenseiche
Aller guten Dinge sind vier | 60

27 ___ Der Frintroper Wasserturm
Wasser für das Umland | 62

28 ___ Der Fünfkirchenblick
Veleda, die Priesterin der Spillenburg | 64

29 ___ Das Gartenhaus Dingerkus
Durch den Einsatz beherzter Bürger gerettet | 66

30 ___ Die Gedenksteine
Noch immer sterben Menschen | 68

31 ___ Das Genealogiemuseum
Ahnenforschung für jedermann | 70

32 ___ Die Geologische Wand
Von der »Bochumer Schicht« im Essener Fels | 72

33 ___ Die Goetheschule
Aus zwei mach eins | 74

34 ___ Die Günni-Semmler-Statue
Zu Ehren eines Essener Originals | 76

35 ___ Der Gußmannplatz
Der Rest vom Altenhof | 78

36 ___ Der Halbachhammer
Eigentlich ein Siegener Denkmal | 80

37 ___ Der Hauxplatz
Erinnerung an Margarethe Krupp | 82

38 ___ Die Heisinger Ruhraue
Die Rote Mühle und das Naturschutzgebiet | 84

39 — Himmel und Hölle
Am schönsten Platz auf Erden … | 86

40 — Die Hindenburger Heimatsammlung
Eine polnische Stadt stellt sich vor | 88

41 — Die Hirtenkapelle
Das Gotteshaus, der Schäfer und der Bunker | 90

42 — Die Historische Sammlung der Ruhrwasserwirtschaft
Pionier der Klärwerkstechnik | 92

43 — Der Hochzeitswald
Win-Win-Win im Kamptal | 94

44 — Die Hülsenhaine
Hollywood in Heisingen | 96

45 — Die Hundebrücke
Prinz Wilhelm und die älteste Bahnlinie des Ruhrgebiets | 98

46 — Die Jugendhalle Schonnebeck
Ein Holzbau aus Köln | 100

47 — Der Kattenturm
Sagenumwoben – von Germanen, Katzen und Geschützen | 102

48 — Die Kleinhaus-Siedlung
Gartenstadt in Rautenform | 104

49 — Der Kokskohlenturm
Lagerstätte für die Kokerei | 106

50 — Das Krause Bäumchen
Die Rellinghauser Linde als Grenze | 108

51 — Das Krayer Rathaus
Erste Sitzung der Stadt Essen nach dem Krieg | 110

52 — Die Kriegsgräberstätte Graf Beust
69 Jahre lang vermisst | 112

53 — Der Krupp'sche Wassertank
Am Rande der Hügelkolonie Brandenbusch | 114

54 — Der Kunstraum Notkirche
Ein Dialog zwischen Kunst- und Mauerwerk | 116

55 — Die Lourdesgrotte
Borbeck als Wallfahrtsort | 118

56 — Der Ludwig-Kessing-Park
Ein Bergmann und Heimatdichter | 120

57 — Die Maschinenhalle der Zeche Rudolph
Auf Spurensuche im Oefter Wald | 122

58 — Der Modell-Eisenbahn-Club
Der letzte Barwagen seiner Art | 124

59 ___ Die Mondscheinwiese
Für Nachtschwärmer und Tagträumer | 126

60 ___ Die Mühlenemscher
Ein Grenzbach und das Karnaper Wäldchen | 128

61 ___ Der Nashorn-Tempel
Albrecht Dürer und die Vogelheimer Klinge | 130

62 ___ Die Neue Isenburg
Immer dieses Erbgestreite | 132

63 ___ Der Niederfeldsee
Ein neues Quartier für Altendorf | 134

64 ___ Der Ökopark Segeroth
Essens Wilder Norden ganz friedlich | 136

65 ___ Der Opernplatz
Dreimal Hochtief | 138

66 ___ Die Padel-Anlage
Volkssport in der Helmut-von-Malottki-Halle | 140

67 ___ Das Panzerbau-Gelände
Statt Tiger nur noch Hunde | 142

68 ___ Die Papiermühlenschleuse
Trockengelegt, versenkt, verschüttet, ausgegraben | 144

69 ___ Der »Parkour«-Parcours
Trendsport-Trainingsgelände im Krayer Volksgarten | 146

70 ___ Das Pegelhaus
Vom Spillenburger Wehr bis zur Zornigen Ameise | 148

71 ___ Das Personaltor
Gottfried Wilhelm überall | 150

72 ___ Das Pestalozzidorf
Wohnen und Arbeiten für Waisen | 152

73 ___ Die polizeihistorische Sammlung
Dein Freund und Helfer mit Sammelleidenschaft | 154

74 ___ Das Projekt ZKE
Schacht Emil und die Kunst | 156

75 ___ Der Radarturm
Wetter für Deutschland | 158

76 ___ Der Raum der Stille
Meditation in Blau | 160

77 ___ Die Residenzaue
»Grüne 14« und die Dubois-Arena | 162

78 ___ Das Rotkreuz-Museum
Lazarett-Zug und Erste-Hilfe-Fibel | 164

79 __ Der RS 1
Von Stadt zu Stadt auf dem Rad-Highway | 166
80 __ Der Ruderalpark
Pflanzen sich selbst überlassen | 168
81 __ Die Sauer-Orgel
Pfeifenschmuckstück im Bergmannsdom | 170
82 __ Der Schillerbrunnen
Friedlich mit Friedrich | 172
83 __ Der Schurenbach
Einst begraben unter der Halde | 174
84 __ Der Schwanhildenbrunnen
Wiederentfachtes Heimatgefühl | 176
85 __ Die Schwimmbrücke Holtey
Für fünf Pfennig auf die Holz-Insel | 178
86 __ Die Siechenhauskapelle
Einst für Aussätzige, nun mittendrin im Leben | 180
87 __ Der Simson-Block
Anders gemacht als geplant | 182
88 __ Die Spurbus-Teststrecke
Vorreiter eines gescheiterten Verkehrskonzepts | 184
89 __ Das Stammhaus Kröger
Vom Möbelhandwerk zum Kunstatelier | 186
90 __ Der Stein der Republik
Die größte Wiese der Stadt und der Halloturm | 188
91 __ Die Steinkiste Kupferdreh
Die Trichterbecherkultur auf der Dilldorfer Höhe | 190
92 __ Die Sternwarte
Die Erreichbarkeit der Himmelskörper | 192
93 __ Das Stift Rellinghausen
Ein Ensemble unter Denkmalschutz | 194
94 __ Die St.-Lucius-Kirche
Im Schatten der Werdener Abtei | 196
95 __ Stonehenge
Trotz Einweihung unterm Hakenkreuz ein Friedensmal | 198
96 __ Der Stützträger
Teil der größten Maschinenbauhalle Europas | 200
97 __ Die Tangabucht
Der alte Dorfkern Gerschede und die Krupp-Siedlung | 202
98 __ Das Theater Freudenhaus
Hier wird Ruhrpott gesprochen | 204

99 — Das Torhaus
Hinterm Berg – Radrouten nach überall | 206

100 — Der Treidelplatz
Seitenwechsel an der Brehm | 208

101 — Der Triebwagen 888
Über historische Schienenfahrzeuge | 210

102 — Die Türkenquelle
Der Charlottenhof und sein Fluchtstollen | 212

103 — Das wachsame Hähnchen
Essen hat 'nen Vogel | 214

104 — Waende Südost
Street-Art an der Schallschutzmauer | 216

105 — Das Waldstadion
Im Bergmannsbusch wird Ruhm geerntet | 218

106 — Das Walpurgistal
Nackedeis seit eh und je | 220

107 — Die Wetterstation
Ein Reiher und andere Flussmotive | 222

108 — Die Wiebeanlage
Anna Selbdritt und das Moltkeviertel | 224

109 — Das Wildgehege
Erst rettet die Sparkasse, dann der Förderverein | 226

110 — Das Zauber Theater
Magie liegt in der Luft | 228

111 — Die Zeche Levin
Der letzte gebaute Malakowturm im Ruhrgebiet | 230

1 Am Hohen Kreuz

Hinunter ans Hardenbergufer

Der Viehauser Berg ist eine der höchsten Erhebungen Essens. Das »Hohe Kreuz« des Bildhauers Ernst Rasche markiert ungefähr den Scheitelpunkt des Hügels. Die umliegenden Felder garantieren freie Sicht und lassen einen Fernblick zu, der seinesgleichen sucht. Gen Osten schaut man Richtung Heisingen, und gen Norden erkennt man sogar in der Ferne den hinter bewaldeten Hügelketten hervorragenden RWE-Turm. Dabei steht das Steinkreuz selbst erst seit 1990 an dieser erhabenen Stelle, obwohl der Name »Am Hohen Kreuz« für die Gemarkung und den Weg schon sehr alt ist. Bereits im Jahre 1431 berichtet ein Registerauszug von einem »hogen cruce«, weswegen man dem über Jahrhunderte eingebürgerten Flurnamen schließlich mit einem echten Kreuz symbolisch gerecht wurde. Initiiert wurde dessen Errichtung durch die damalige Kirchengemeinde Christi Himmelfahrt, die mittlerweile zur Pfarrei St. Kamillus gehört.

Doch nicht nur die phantastische Aussicht lädt hierher ein, auch die Wanderstrecken bieten besondere Entdeckungen. Läuft man beispielsweise direkt am Steinkreuz vorbei, stößt man auf die Straße »Fischlaker Höfe«, deren Name schon andeutet, dass sich hier landwirtschaftliche Bauten finden. Nahezu jedes Gehöft, das man passiert, steht unter Denkmalschutz und überzeugt durch seinen historischen Charme.

Folgt man dieser Straße, gelangt man schließlich an den Baldeneysee. Entlang des Hardenbergufers lässt sich wunderbar flanieren, etwa bis zum nahen Haus Scheppen. Oder aber man steigt durch den Siepen »Am Schmalscheidt« zunächst vorbei an alten Kotten, dann entlang Feldern zurück zum Hohen Kreuz. Dessen exponierte Lage lockt nicht nur jede Menge Spaziergänger an. Auch besonderen Freilufthobbys geht man hier nach. Im Herbst ist der Hügel ideal zum Drachen-steigen-Lassen, und im Sommer bietet der Rundumblick über die Felder perfekte Bedingungen für die Modellbau-Fliegerei.

Adresse Am Hohen Kreuz, 45239 Essen-Fischlaken | **EVAG** Bus 180, Haltestelle Lürsweg | **Tipp** In der Straße »Viehauser Berg« findet sich ein alter Bilderstock. Er stammt noch aus dem 18. Jahrhundert.

2 An der Kirchtreppe

Vom Martin-Luther- hinab zum Tuchmacherplatz

Ursprünglich wurde die verwinkelte Kirchtreppe als Feuergasse angelegt, die im Notfall aus dem Oberdorf hinunter an die Ruhr führte. Erst später baute man in die Gasse Stufen und eine Trassierung hinein, sodass eine Treppe entstand. Nun schmiegt sie sich eng an die alten Gemäuer und Fachwerkhäuser und führt vom Martin-Luther-Platz hinab zum Tuchmacherplatz. An Ersterem liegt auch die Marktkirche, deren markanter Glockenturm als ältestes Bauwerk Kettwigs gilt und bereits aus dem 13. Jahrhundert stammt. Neben dem schmucken Sakralbau bietet der Martin-Luther-Platz einen ersten Blick hinunter ins Ruhrtal.

Will man den Ausblick bei einer kühlen Erfrischung genießen, sollte man die ersten Stufen der Kirchtreppe nehmen und links in die »Stiege« einkehren. Die alteingesessene Gastronomie in einem der wunderschönen historischen Häuschen bietet im Hinterhof einen urigen Biergarten. Folgt man der Kirchtreppe weiter, stößt man auf den Kettwiger Nachtwächter – eine schmiedeeiserne Skulptur, die an die Berufsgruppe erinnert. Seit einigen Jahren werden sogar historische Altstadt-Führungen von einem entsprechend gekleideten Nachtwächter angeboten.

Erreicht man schließlich den Tuchmacherplatz, fällt der Blick direkt auf den Weberbrunnen. Er hält mit seiner Form eines Webstuhls die Erinnerung an Kettwigs Vergangenheit als traditionsreiche Tuchmacherstadt aufrecht. Ihm gegenüber präsentiert sich gleich ein ganzes Ensemble historisch wertvoller Fachwerkbauten aus dem 17. und 18. Jahrhundert. Sie dienten einst als »Alte Apotheke«, als Wirtshaus »Parlament« oder gar als »Doktorhaus«. Neben den bukolischen Fachwerken überzeugen einige mit tollem Fassadendekor und Inschriften. Auch auf dem Tuchmacherplatz laden Gastronomie und ein Biergarten zum Verweilen ein.

Der alte Glockenturm ragt dabei wie ein stummer Wächter über die schöne Szenerie an der Kirchtreppe.

Adresse Kirchtreppe, 45219 Essen-Kettwig | **EVAG** Bus 142, Haltestelle Bürgermeister-Fiedler-Platz | **Tipp** Unterhalb der Kirchtreppe befindet sich »Nachtwächters Grotte«. Die Gastronomie ist in einem alten Gewölbekeller untergebracht.

3 — Das Asbachtal
Wolliges Honiggras und die A 44

Nur ein Bauwerk stört hier das Idyll: die aufgeständerte Betontrasse der Bundesautobahn 44, die sich Richtung Velbert zieht. Sie wurde gebaut, um die sich durch die hügelige Landschaft windende B 227 zu entlasten. Folgt man dem Asbach Richtung Süden, schwenkt die Trasse aber schon bald aus dem Sicht- und Hörbereich, und das Asbachtal zeigt seine ländliche Schönheit.

Beginnend an der Straße gleichen Namens an der Ecke zur Dilldorfer Straße, quert man schon bald das kleine Gewässer und folgt zunächst über den Priemhauser Weg dem direkten Bachlauf. Doch erst circa 600 Meter weiter südlich, dort, wo der Asbach schließlich die Grenze zu Velbert bildet, beginnt das wirkliche Naturrefugium. Das fast acht Hektar große Areal ist ein ausgewiesenes Naturschutzgebiet und beeindruckt daher vor allem durch die artenreiche Flora und Fauna. Östlich des Asbachs dominieren vor allem Streuobstweiden und Feuchtwiesen, während auf der westlichen Seite, also bereits zum Kreis Mettmann gehörend, dichte Buchenwälder Unterschlupf für zahlreiche Tierarten bieten. Ein den Bachlauf begleitender Erlenwald zieht sich entlang beider Uferseiten. Pflanzen wie die Weiße Hainsimse, der Gemeine Blutweiderich oder das Wollige Honiggras fühlen sich sichtlich wohl neben dem plätschernden Nass. Ein namenloser Seitenbach mündet hier zudem in den Asbach. Dessen kleine Karstquelle mauerte man in einen aus Naturstein gestalteten Quelltopf, der nun als Naturdenkmal ausgewiesen ist. Auch die zwei alten Hainbuchen mit Stammumfängen von bis zu drei Metern, die beim Rückweg in die Stadt über den Sollwiesenbusch an der Ecke zum Priembergweg stehen, gelten als solche Naturdenkmale.

Pferdekoppeln und Bauernkotten vermitteln das Gefühl, fern der Großstadt auf dem Land zu sein. Die Landschaft im Asbachtal ist einfach wundervoll und lädt auch zu Exkursionen in die Nachbarstadt ein.

Adresse Asbachtal, 45257 Essen-Kupferdreh | **EVAG** Bus 177 und 180, Haltestelle Asbachtal | **Tipp** Kupferdrehs ehemaliger Bahnhof beheimatet seit Jahrzehnten eine Gastronomie. Das ansehnliche Gebäude und der Biergarten überzeugen.

4 Auf Helmut Rahns Spuren
Präsent in der ganzen Stadt

Maßgeblich am »Wunder von Bern« beteiligt, zählt Helmut Rahn zu den deutschen Fußballlegenden. 1929 in Essen geboren, verbrachte er den Großteil seines Lebens in der Ruhrmetropole. Entsprechend viele Erinnerungsstätten finden sich hier.

Die erste Spur führt zum SV Altenessen 1912, wo er in seiner Jugend spielte. Das Vereinsheim schmücken noch immer zahlreiche Fotografien aus seiner Fußballerkarriere. Beim Arbeiterclub »Sportfreunde Katernberg« machte er dann ab 1950 auf sich aufmerksam, sodass er schließlich zum großen Konkurrenten »Rot-Weiss Essen« wechselte. Die Sportfreunde kicken noch heute im charmanten »Stadion am Lindenbruch« und errichteten damals für seine Ablösesumme den sogenannten »Helmut-Rahn-Zaun«. An seiner langjährigen Wirkungsstätte an der Hafenstraße enthüllte man 2004 eine lebensgroße Bronzestatue, die Helmut Rahn in Dribbel-Aktion zeigt. Und seit dem Stadion-Neubau 2012 steht die von der Künstlerin Inka Uzoma geschaffene Skulptur auf dem dort neu errichteten Helmut-Rahn-Platz.

Als er 2003 nach langer Krankheit verstarb, richtete seine Familie ihm auf dem Friedhof an der Margaretenstraße Ecke Frohnhauser Straße seine letzte Ruhestätte ein. Das bescheidene Grab liegt in der Nähe seiner Frohnhauser Wohnung in der Dittmarstraße 1. Rund um diesen Lebensmittelpunkt finden sich auch weitere Reminiszenzen. In der Friesenstube in der Frohnhauser Straße war er Stammgast; das Lokal ist daher mittlerweile eine Station der »Deutschen Fußballroute NRW«. Auch die nahe gelegene Sportstätte in der Raumerstraße benannte sich zu Ehren der Fußballlegende 2010 in Helmut-Rahn-Sportanlage um.

Für Autofahrer bleibt der Sportler durch die legendäre Radiomoderation von Herbert Zimmermann präsent. Die berühmten Zitate, angefangen mit »Rahn müsste schießen ...«, prangen in großen Lettern an den Brücken der A 40 und halten das »Wunder von Bern« lebendig.

Adresse zum Beispiel Friesenstube, Frohnhauser Straße 387, 45144 Essen-Frohnhausen | **EVAG** STR 109, Haltestelle Kieler Straße | **Tipp** Auch Willi »Ente« Lippens' Karriere ist fest mit der Stadt und »Rot-Weiss Essen« verknüpft. Sein Hof »Mitten im Pott« mit dem Kultrestaurant »Ich danke Sie« liegt an der Grenze zu Essen in Bottrop in der Gungstraße 198.

5 Die Bäume des Jahres
Ein Lehrpfad am Stadtwaldfriedhof

Als der damalige Schleswig-Holsteinische Umweltschutzverein Wahlstedt 1989 mit der Stieleiche erstmalig einen Baum des Jahres kürte, stieß dies auf ein großes Medienecho. Es bildeten sich eine nationale Stiftung und ein Kuratorium, die nun alljährlich ein Gehölz bestimmen, auf das die Aufmerksamkeit gelenkt wird. Zwar stehen bei der Auswahl bedrohte Baumarten und deren ökologische Bedeutung im Fokus, vordergründig strebt man aber eine grundsätzliche Sensibilisierung der Gesellschaft für das Thema Baum an.

Daher geht es auch im Kettwiger Stadtwald um Aufklärung. Hier pflanzt man nicht nur Jahr für Jahr den auserwählten Baum an, sondern stellt ihm gleich eine Schautafel zur Seite. Über diese erfährt man nicht nur sachliche Fakten zur Artenkunde, auch mythologische Anekdoten finden Erwähnung. Zur Wildbirne heißt es da beispielsweise, dass in ihr angeblich Hexen und Dämonen wohnen und ihr Tee Krankheiten kuriert. Aber auch ein Zitat aus Goethes Faust oder der Hinweis auf die Nutzung als Sauerkraut-Ersatz zieren entsprechend die Informationstafeln.

Die Idee, in Kettwig einen Lehrpfad zu installieren und so einen Rundweg mit den Bäumen des Jahres zu schaffen, entstand 2002. Mit finanzieller Hilfe der Bezirksvertretung realisiert man nun seit 2003 die jährliche Pflanzung. Der Startpunkt des circa 2,3 Kilometer langen Rundweges findet sich direkt neben dem Stadtwaldfriedhof. Mit fast 5.000 Gräbern und einer Fläche von circa fünf Hektar dient er seit 1953 als letzte Ruhestätte. Er zeichnet sich durch seinen alten Baumbestand aus, die Hanglage und die direkte Einbindung in den Kettwiger Stadtwald machen ihn einzigartig. Der Stadtwald selbst zählt zusammen mit dem Huxold- und Ruthertal seit 1992 zum Landschaftsschutzgebiet. Zusammen bilden sie ein fast 163 Hektar großes Idyll, das durch die Bäume des Jahres kulturell abgerundet wird.

Adresse An der Nittlau, 45219 Essen-Kettwig | **EVAG** Bus 142, Haltestelle Schmachtenbergstraße | **Tipp** An der Straße »Am Stadtwald« liegt auch das Ziegeleigelände Asey. Die ehemalige Ziegeleigrube ist mittlerweile ein nicht öffentliches Naturschutzgebiet und weist eine bedeutende Vielzahl an Libellen und Amphibien auf.

6 Das Bauwagenhotel
Mit Kray fing alles an

Statt in Rüttenscheid vom Ruhrblick zu träumen, kann man neuerdings mit Ruhrblick im »Rüttenscheid« träumen. Denn unmittelbar am Flussufer steht ein zum Hotelzimmer auf Rädern umgebauter Bauwagen mit ebendiesem Namen. Dabei ist er nur eine von insgesamt acht mobilen Unterkünften, die direkt an der Ruhr das Bauwagenhotel bilden. Benannt wurden die Gefährte nach Essener Stadtteilen, wobei 2007 zunächst alles mit Bauwagen »Kray« begann. Nach und nach gesellten sich weitere mobile Schlafquartiere hinzu. Nun steht ein buntes Ensemble Wohnanhänger auf einem gemütlichen Fleckchen Grün des Ruhrcamping-Platzes und lädt zum Verweilen ein. Die Bauwagen vereinen den Luxus eines Hotelzimmers mit dem naturnahen Erlebnis des Campings.

Dabei besticht jeder Bauwagen nicht nur von außen durch sein besonderes Erscheinungsbild, sondern überzeugt auch im Inneren mit einer individuellen Ausstattung. Während der eine früher als Privatkino genutzt wurde und daher noch immer zwei platzsparende Kinosessel besitzt, weist ein anderer eine komplette Einbauküche auf. Der größte bietet sogar zwei Separees für bis zu vier Besucher. Gemeinsam haben alle Bauwagen die unmittelbare Nähe zum Wasser, die tolle Campinganlage und die idyllische Abgeschiedenheit. Bauwagen »Überruhr« steht sogar etwas abgelegen und separat.

Vor allem das Radwegenetz entlang der Ruhr lässt sich von hier erschließen. Aber auch das direkte Umland bietet Entdeckungen. In unmittelbarer Nähe zum Bauwagenhotel liegt die Horster Mühle. Die denkmalgeschützte Anlage an der Horster Schleuse diente einst als Karbidfabrik und ist noch heute als Wasserkraftwerk aktiv. Über einen Fußweg den Ruhrhang hinauf erreicht man zudem das alte Betriebsgebäude der »Zeche Wohlverwahrt«.

Aber auch um einfach nur mal die Seele baumeln zu lassen und sich dem Großstadttrubel zu entziehen, ist das Bauwagenhotel ideal.

Adresse In der Lake 76, 45279 Essen-Horst, www.ruhrcamping.de | **EVAG** Bus 167, Haltestelle Beulestraße | **Öffnungszeiten** Besuch nur in Verbindung mit einer gebuchten Übernachtung möglich | **Tipp** Das Linuxhotel in der Villa Vogelsang ist eine Hotelanlage in direkter Nähe. Allerdings widmet man sich dort eher der digitalen Welt rund um das freie Betriebssystem und lädt zu entsprechenden Kongressen und Workshops.

7 Das Bergbau- und Heimatmuseum

Der Tag des Bergmanns im Paulushof

Die »Zeche Carl Funke« setzte sich zunächst aus einem Verbund vieler Kleinstbergwerke zusammen, die teilweise noch im Stollenbau betrieben wurden. Sie vereinte somit die bergmännische Tätigkeit in Heisingen, bis sie 1973 geschlossen wurde. Um ihr Andenken zu wahren und entsprechende Relikte zu erhalten, richtete man bereits 1984 das Bergbaumuseum ein. Initiator war der damalige Pfarrer Werner Hamacher, der beim Bau des Seniorenzentrums »Paulushof« anregte, eine entsprechende Sammlung zu integrieren. Auf den so geschaffenen Ausstellungsflächen finden sich nun Hunderte Exponate und Anschauungsstücke rund um das Zechenwesen.

Angefangen bei einer Analysenwaage über eine große Sammlung an Grubenlampen bis hin zu diversen Presslufthämmern – das Museum besticht durch seinen umfangreichen Fundus. Aber auch zahlreiche teilweise elektronisch unterstützte Anschauungsmodelle sowie ein Walzenschrämlader und der Nachbau des Zechengeländes »Carl Funke« vermitteln Eindrücke der damaligen Arbeitsabläufe. Sogar original Lagepläne, Urkunden und Kuxscheine liegen vor. Die Entwicklung des Bergbaus vom Stollenbetrieb bis zum Tiefbau sowie die Entstehung von Kohle im Allgemeinen bereitet das Museum zudem mit Hilfe zahlreicher Fotografien aus der damaligen Zeit und mit informativen Schautafeln anschaulich auf.

Doch natürlich kommt auch Heisingen selbst, dessen Siedlungsgeschichte bis ins 7. Jahrhundert zurückreicht, nicht zu kurz. In dem angegliederten Heimatmuseum bilden Fotografien und Sammlungen unter anderem ab, wie sich der Stadtteil entwickelt hat. Darüber hinaus bietet eine Fläche für Wechselausstellungen auch heimischen Künstlern eine Plattform für ihre Werke.

Der jährliche »Tag des Bergmanns«, an dem auch zu Vorträgen und Diskussionen geladen wird, rundet das Museumsangebot ab.

Adresse Stemmering 18, 45259 Essen-Heisingen, www.museum-heisingen.de | **EVAG** Bus 145, Haltestelle Heisingen Ortsmitte | **Öffnungszeiten** täglich 10–18 Uhr; Anmeldung beim Pförtner des Altenzentrums erforderlich | **Tipp** Über die Straße »Lanfermannfähre« gelangt man zum erhalten gebliebenen Förderturm der Zeche Carl Funke. Direkt am Baldeneysee gelegen, ist er idealer Start- und Zielpunkt für Ausflüge.

8 Das Bernewäldchen
Beim Spielen wiederentdeckt?

Die Quelle der Berne befindet sich circa zwei Kilometer südlich der Essener Innenstadt im Bernewäldchen. Mitten auf dem Spielplatz der kleinen Grünanlage sickert das Wasser aus dem Boden. Hinweisschilder erläutern die Bedeutung des Baches für die Stadt und klären über seinen weiteren Verlauf auf. Angeblich wurde die unscheinbare Quelle erst vor ein paar Jahren von spielenden Kindern wiederentdeckt.

Doch mehr als ein paar Meter Feuchtwiese macht der Quellbereich im Bernewäldchen nicht aus – schon kurz danach wird das Flüsschen bereits wieder kanalisiert. Komplett verrohrt führt es so an der Innenstadt vorbei und tritt erst am Nordpark hinter der Universität an der Grillostraße wieder zutage. Die Emschergenossenschaft gestaltet derzeit den kompletten oberirdischen Bachlauf der Berne naturnah um, sodass ein Grünzug bis hin zu ihrer Mündung in die Emscher entsteht. Der Wasserwirtschaftsverband gründete sich 1899 und sitzt seit 1910 in dem denkmalgeschützten Verwaltungsgebäude direkt an der Kronprinzenstraße, zufälligerweise nur wenige Meter vom Bernewäldchen entfernt. Vor allem der markante Turm und die Integration von Reformstilelementen aus Eifeltuffstein in die Backsteinarchitektur machen das Gebäude unverwechselbar. Seitdem der Lippeverband mit der Emschergenossenschaft eine Verwaltungseinheit bildet, ist auch dieser in den historischen Gemäuern angesiedelt.

Das Bernewäldchen selbst erstreckt sich hinter dem Gebäude auf beiden Seiten der Richard-Wagner-Straße und fügt sich eher bescheiden in seine Umgebung ein. Im östlichen Teil befindet sich ein durchaus sehenswertes und ebenfalls unter Denkmalschutz stehendes Kriegerdenkmal, während im westlichen Abschnitt die Berne entspringt. Von dort gelangt man über die Beethovenstraße ins Komponistenviertel, dessen Architektur zu Teilen noch den Charme der Gründerzeit aufweist.

Adresse Am Bernewäldchen, 45128 Essen-Südviertel | **EVAG** STR 105, 106, Haltestelle Kronprinzenstraße | **Tipp** Auch der Backsteinbau des Ruhrverbands ist ein echter Hingucker und wertet die Kreuzung auf. Vom Bernewäldchen aus der Richard-Wagner-Straße Richtung Süden folgend, stößt man an der nächsten Kreuzung auf die historische Moltkebrücke.

9 Der Bismarckturm

Fernblick in den Landschaftspark

Der Mechtenberg gilt als höchste natürliche Erhebung im Emschergebiet. 100 Meter war er ursprünglich hoch, bis er bedingt durch den Bergbau auf seine heutigen nur noch circa 83 Meter absackte. Unbeirrt von diesem Höhenschwund steht seit über 100 Jahren oben auf seinem Scheitel der Bismarckturm.

Bismarcktürme errichtete man vorzugsweise in exponierten Lagen, schließlich entstanden sie zu Ehren Otto von Bismarcks, dem Mitbegründer des Deutschen Reiches. Der Mechtenberg bot sich daher für ein solches Bauprojekt geradezu an. Die Initiative zur Errichtung des Essener Turms stammt jedoch aus Gelsenkirchen. Emil Kirdorf aus Ückendorf, damaliger Generaldirektor der Gelsenkirchener Bergwerks AG, übernahm den Vorsitz des 1896 gegründeten hiesigen Bismarck-Vereins und regte 1898 an, dem Reichskanzler a. D. ein entsprechendes Denkmal zu setzen. Der Vorschlag stieß auf große Begeisterung in der Bevölkerung, zumal Bismarck auch nach seiner Amtsenthebung 1890 noch immer hohes Ansehen genoss.

Um den Turm finanzieren zu können, mussten Spenden gesammelt werden. Die Bevölkerung gab gerne, und so konnte für insgesamt 32.000 Mark das Grundstück erworben und ein Wärterhäuschen samt Bismarckturm erbaut werden. Streng genommen handelt es sich bei dem vom Architekten Heinrich Tscharmann entworfenen Turm um eine Feuersäule. Denn begehbar war der Turm nicht, dafür thronte auf der knapp 17 Meter hohen Spitze damals noch eine Feuerschale. An besonderen Tagen, wie Bismarcks Geburtstag, brannte dort ein weithin sichtbares Feuer.

Feuerschale und Wärterhäuschen sind nicht mehr erhalten, wohl aber der imposante Turm aus Basaltlava. Ihm zu Füßen installierte man zwei Aussichtspunkte, von denen der 290 Hektar große »Landschaftspark Mechtenberg« erfahrbar wird. Allerdings liegt die künstlich angelegte Grünanlage zum Großteil auf Gelsenkirchener Gebiet.

Adresse Am Mechtenberg, 45309 Essen-Kray | **EVAG** Bus 194, Haltestelle Achternbergstraße | **Tipp** Zum Landschaftspark Mechtenberg gehört auch die Halde Rheinelbe in Gelsenkirchen mit dem Kunstwerk »Himmelstreppe«. Zu ihren Füßen befindet sich zudem ein Skulpturenwald.

10 Die Bleichinsel
Brücke über den Mühlengraben

Die Bauerschaft Kettwig wurde über Jahrhunderte durch die Stoffindustrie geprägt. Zwar waren die Tuchfabriken Klein-Schlatter und die Scheidt'sche Fabrik mit ihrer Kammgarnspinnerei die bekanntesten Webereien, doch gab es auch viele kleinere Manufakturen, die hier dem Tuchmachergewerbe nachgingen. Sie alle nutzten zum Bleichen der Tücher die Bleichinsel, die durch einen Altarm der Ruhr von der Altstadt getrennt war.

Eine Insel im klassischen Sinne ist sie mittlerweile nicht mehr. Der Ruhraltarm ist zum Teil verlandet, sodass über den Leinpfad der Weg nach Norden und Süden entlang der Ruhr möglich ist. Lediglich der Mühlengraben zeugt noch von der früheren Existenz des Nebenarms. Das als Ententeich wahrgenommene Relikt begrenzt noch immer die Bleichinsel nach Osten hin, während westlich die Ruhr liegt.

Betritt man die Bleichinsel aus der Altstadt kommend, überquert man die Mühlengrabenbrücke. Das Bauwerk aus Ruhrsandstein wurde 1786 durch den Werdener Abt Bernhard Bierbaum errichtet. Sein Wappen ist noch immer im mittleren Brückenbogen integriert. Da die Brücke eine sehr breite und massive Bauweise aufweist, vermutet man, dass sie ursprünglich sogar die ganze Ruhr überspannen sollte. Warum sie schließlich nur bis auf die Bleichinsel führte, ist nicht geklärt. Jedoch weiß man, dass es stattdessen von dem Eiland aus einen Fährbetrieb zum südlichen Ruhrufer gab.

Überliefert ist auch, dass entlang des Mühlengrabens bedeutende Mühlen standen. Seit dem Mittelalter lag am damals noch fließenden Gewässer eine Kornmühle. Aber auch die Tuchmacher nutzten die Wasserkraft und errichteten hier eine Walkmühle. So konnten die von Webstühlen gefertigten Stoffe und Tücher mit Maschinenkraft veredelt werden. Der Weg zur Bleiche war nun auch nicht mehr weit. Neben den tollen Ansichten, die sich von der Bleichinsel ergeben, ist sie selbst inzwischen eine sehenswerte kleine Grünanlage.

Adresse Am Mühlengraben, 45219 Essen-Kettwig | **EVAG** Bus 142, Haltestelle Bürgermeister-Fiedler-Platz | **Tipp** Nördlich der Bleichinsel liegt das alte Turbinenhaus der Scheidt'schen Fabrik. Der ansehnliche Bau mit Turm dient nun Gewerbe- und Wohnzwecken.

11 Der Borbecker Halblang

Ein Brunnen für jene, die hineinwuchsen

Getreu dem Motto »Was nicht passt, wird passend gemacht« wurde vor allem bei kinderreichen Arbeiterfamilien verfahren: Die Kleinen tragen auf, was den älteren Geschwistern nicht mehr sitzt. Und überhaupt kaufte man Klamotten mit Zukunftsperspektive – nämlich direkt ein paar Nummern zu groß, schließlich wachsen die Kinder irgendwann hinein. Aber auch die beste Hose geht mal kaputt, bei draußen tobenden Kindern häufig im Bereich der Knie. Die Hose deswegen wegschmeißen? Keineswegs. Man schnitt einfach die Beine unterhalb der Knie ab, und schon etablierte sich ein neuer sommerlicher Kleidungsstil. Keimzelle dieser in der Nachkriegszeit entstandenen »Mode« war Borbeck, weshalb man sie als »Borbecker Halblang« bezeichnete.

Im Laufe der Zeit wurde selbst über die Grenzen Essens hinaus daraus ein geflügelter Begriff, der kurze oder zu kurze Kleidung vor allem für Jungs etwas spöttisch umschrieb. Keine Frage, dass man diesem stilsicheren Nachkriegstrend ein Denkmal setzen musste. Also schuf der Bildhauer Franz-Josef Kampmann eine Bronzeskulptur zweier spielender Jungs in, man ahnt es schon, halblangen Hosen. Der Platz vor dem Borbecker Bahnhof schien ideal, und so errichtete man 1982 einen sechseckigen Brunnen, der seitdem den beiden Knaben als Sockel dient. Einer der Jungen sitzt oben auf der Kante und taucht seinen Fuß in das Brunnenwasser, während der andere stehend seine Hand auf dessen Schulter legt.

So steht der »Borbecker Halblang«-Brunnen weithin sichtbar am Rande der Borbecker Fußgängerzone in unmittelbarer Nähe zur Bahnhofshalle. Das unter Denkmalschutz stehende Empfangsgebäude wurde 1911 erbaut und überzeugt mit seiner ansehnlichen Jugendstilfassade. Erst 2001 wurde die schöne Hallendecke um ein Ölgemälde von Adolf Lohmann ergänzt. Zwar hat der Künstler darin Borbecker Motive integriert, Jungs in »Borbecker Halblang« wurden jedoch nicht verewigt.

Adresse Wüstenhöfer Straße Ecke Marktstraße, 45355 Essen-Borbeck-Mitte | **EVAG** STR 103, Haltestelle Borbeck Bahnhof | **Tipp** Auf dem fußläufig erreichbaren Germaniaplatz erinnert die Germania-Statue an die Gefallenen der deutschen Einigungskriege. Sie steht dort, wo sich früher der Borbecker Friedhof befand.

12 Das Brandmal
Friedenskirche rußgeschwärzt

Der alte Sakralbau hat viel durchgemacht. Zunächst wurde er mitten in den Schrecken des Ersten Weltkriegs errichtet, sodass die offizielle Benennung als »altkatholische Friedenskirche« durchaus Symbolcharakter besitzt. Und dann hinterließ die nationalsozialistische Diktatur ihre Spuren an dem Bauwerk: nicht erst durch die Bombardements im Zweiten Weltkrieg, die die Bedachung, die Gewölbe und die wertvollen Wandmalereien zerstörten, sondern bereits zuvor. Denn schon in der als Reichskristallnacht bezeichneten Pogromnacht im Jahre 1938 wurde die Friedenskirche in Mitleidenschaft gezogen, als die unmittelbar benachbarte Alte Synagoge einem Brandanschlag zum Opfer fiel. Die Synagoge, die als größte nördlich der Alpen gilt, blieb äußerlich nahezu unversehrt, sodass sie heute in ihrer alten Pracht als »Haus jüdischer Kultur« erstrahlt.

Doch der Ruß jener Feuersbrunst hat sich tief in dem Gemäuer der gegenüberliegenden Friedenskirche festgesetzt. Zwar wurden auch ihre Kriegsschäden alle beseitigt, und selbst das ornamentale Goldmosaik von Jan Thorn Prikker und andere prachtvolle Fresken im Inneren der Kirche konnten rekonstruiert werden; doch einen Teil der Außenfassade beließ man ganz bewusst in dem geschwärzten Zustand, den das Feuer verursacht hatte.

Der Brandrückstand an der Front des einen Gotteshauses hält so die Erinnerung an den begangenen Anschlag am anderen Gotteshaus aufrecht und ist als Mahnmal zu verstehen. Als authentisches Zeitzeugnis bildet er die Gräueltaten der nationalsozialistischen Diktatur in einer schroffen Direktheit ab – eine noch immer deutlich sichtbare Spur eines ungeheuerlichen Verbrechens.

Aber auch unabhängig von dieser Historie stellen die altkatholische Friedenskirche, die Alte Synagoge und der davor gelagerte Jahrhundertbrunnen schon allein aus architektonischer und künstlerischer Sicht ein sehenswertes Ensemble dar.

Adresse Edmund-Körner-Platz 2, 45127 Essen-Stadtkern | **EVAG** diverse Linien bis Haltestelle Rathaus Essen | **Tipp** Unter dem Porscheplatz befindet sich gegenüber dem Parkhaus das Mahnmal »Stadtwunde«. Dort war einst ein Außenlager des KZs Buchenwald stationiert.

13 Das Bürgerhaus Oststadt
Erstes seiner Art in Nordrhein-Westfalen

Man schrieb die 1960er Jahre, als die Stadt beschloss, mit der »Oststadt« neue Wohnflächen zu schaffen. Als größtes geplantes Bauprojekt, das es bis dato in Essen gab, entstanden so mit dem »Hörster Feld«, dem »Isinger Feld«, dem »Bergmannsfeld« und dem zum Teil schon vorhandenen »Freisenbruch-Süd« vier Siedlungen an der östlichen Stadtgrenze. Im Einklang mit modernem Städtebau und dem herrschenden Zeitgeist bedeutete das, eine hohe Wohndichte mit guter Verkehrsanbindung, aber auch mit Grünanlagen zu vereinen. Das Resultat waren vier Hochhaussiedlungen. In ihnen fanden zwischen 4.000 und 6.000 Menschen neuen Wohnraum.

Wo sich neues Leben breitmachen soll, muss auch für kulturelle Angebote gesorgt werden. Das wussten auch die damaligen Stadtoberen und errichteten den Anwohnern eine entsprechende Begegnungsmöglichkeit – das Bürgerhaus Oststadt. 1976 eröffnete es als zentraler Anlaufpunkt und als erstes seiner Art in Nordrhein-Westfalen. Zentral ist dabei durchaus geografisch zu verstehen. Das »Isinger Feld« als nördlichste Kolonie mal außer Acht gelassen, setzte man es genau mittig der drei anderen Siedlungen.

Zwar konzipierte man das Bürgerhaus Oststadt als altersübergreifende Begegnungsstätte, aber da vor allem auch die hiesige Jugend mit den Angeboten angesprochen werden sollte und noch heute von diesen profitiert, übertrug man die Trägerschaft dem Jugendamt.

Mittlerweile dient es seit über 40 Jahren als kultureller Mittelpunkt Freisenbruchs. Neben diversen Veranstaltungen, von Ausstellungen über Theaterstücke bis zu Konzerten, bietet es neben der Stadtteilbibliothek auch Seminar-, Werk- und Sporträume. Der Leitgedanke des Hauses ist dabei die Partizipation, also das direkte Mitwirken der Bürger. Und nicht zuletzt dieses nachbarschaftliche Wirken trägt dazu bei, dass man in der »Oststadt« trotz Hochhäusern mittlerweile gerne lebt.

Adresse Schultenweg 41, 45279 Essen-Freisenbruch, www.buergerhaus-oststadt.de | **EVAG** Bus 184, Haltestelle Bürgerhaus Oststadt | **Öffnungszeiten** je nach Veranstaltung | **Tipp** Ein weiteres Bürgerhaus findet sich mit dem »Julius-Leber-Haus« auf dem Isinger Feld an der Meistersingerstraße. Auch hier wird ein vielfältiges kulturelles Programm geboten.

14 Der Carbon Obelisk
Landmarke mit epochalem Bezug

Im alten Ägypten stellte ein Obelisk eine direkte Verbindung zur Götterwelt dar. Der Essener Obelisk sucht hingegen seinen Bezug in der Welt unter Tage und bei dem dortigen Rohstoff Kohle. So kommt er nicht nur schwarz wie ebendiese daher, sondern ist auch noch aus Carbon gefertigt. Die synthetisch hergestellte Kohlenstofffaser ist nämlich nach der erdgeschichtlichen Epoche vor rund 300 Millionen Jahren benannt, in der auch die Entstehung der Steinkohle begann.

Die amerikanische Künstlerin Rita McBride spielte ganz bewusst mit diesen Bezügen, als sie ihren »Carbon Obelisk« 2010 aufstellen ließ. Doch nicht nur Farbe und Material, auch der Standort ist gut durchdacht. Während Obelisken normalerweise wichtige historische Stätten markieren, steht der Essener Obelisk an einem eher unscheinbaren Ort. Doch hier geht es um die Verbindung zwischen dem Kunstwerk und seiner Umgebung – es verweist auf den hiesigen Wandel der Landschaft. Während die in einer Sichtachse liegende Schurenbachhalde früher als Abraumhalde diente und die hier fließende Emscher einst als Abwasserkanal der Industrie genutzt wurde, sind beide mittlerweile renaturiert und für den Menschen erfahrbar gemacht worden. Durch seine Form und Höhe bezieht der Obelisk zudem die hier stehenden Strommasten mit in die Landschaft ein.

Fast 14 Meter ist der Essener Monolith hoch, der im Rahmen der Emscherkunst direkt an einer Weggabelung am Flussufer aufgestellt wurde. Hier teilt sich auch der Rad- und Wanderweg und führt entweder auf die Emscherinsel oder in den Karnaper Emscherpark, der in den 1970ern noch eine Bauschuttdeponie war. Da Karnap der einzige Essener Stadtteil nördlich der Emscher ist, stellt der Park einen wichtigen Naherholungsraum dar und wird nun durch den Obelisken markiert.

Während historische Monolithen meist massiv sind, ist der »Carbon Obelisk« von innen hohl.

Adresse Karnaper Straße, 45329 Essen-Karnap | **EVAG** U11, Haltestelle Arenbergstraße | **Tipp** Auf der Zweigertbrücke gibt es einen Anleger der »Weißen Flotte«. Von dort lassen sich Ausflüge auf dem Wasser starten.

15 Die Carl-Humann-Büste

Die Entdeckung des Pergamonaltars

Manchmal spielt das Leben nach seinen eigenen Regeln. Denn wer rechnet schon damit, dass eine als Kur angedachte Reise zu einem Eintrag in die Geschichtsbücher führt? Carl Humann ist es so ähnlich ergangen. Als er 1861 auf die Insel Samos reiste, erhoffte er sich von dem Mittelmeerklima lediglich, seine Tuberkulose-Erkrankung auskurieren zu können. Sie war es, die den damals 22-Jährigen zur Aufgabe des ein Jahr zuvor in Berlin begonnenen Ingenieurstudiums zwang. Daraufhin war er dem Ruf seines älteren Bruders gefolgt, der bereits auf Samos lebte und ihm dort archäologische Arbeit versprach. Und so nahm die Geschichte ihren Lauf: Carl Humann etablierte sich im Osmanischen Reich zunächst als Straßenbauingenieur, hatte aber seine Leidenschaft für Archäologie entdeckt. Mit finanziellem Rückhalt eines Berliner Museums startete er am 9. September 1878 eine Ausgrabung in Pergamon. Bereits am dritten Tag stieß er dabei auf eine monumentale Altaranlage, die ihm Weltruhm einbrachte.

Eine Rekonstruktion des über 20 Meter hohen, 35 Meter breiten und 33 Meter tiefen antiken Bauwerks steht nun als zentrales Element im Berliner Pergamonmuseum. Das Original stammt aus der Mitte des 2. Jahrhunderts vor Christus und wurde unter König Eumensis II. errichtet.

Als Entdecker des Pergamonaltars wird Carl Humann natürlich auch in seiner Heimat verehrt. Am 4. Januar 1839 wurde er als Sohn eines ansässigen Gastwirts in Steele geboren. So findet sich dort sowohl das Carl-Humann-Gymnasium als auch die Humannstraße und eben eine Carl-Humann-Büste. Mit Blick auf den Kaiser-Otto-Platz in der Fußgängerzone hält sie zusammen mit daneben installierten Informationstafeln die Erinnerung an den wohl berühmtesten Einwohner Steeles aufrecht. Dabei blieb Carl Humann selbst seiner Heimat auch treu. Zwar lebte er in Smyrna, heiratete aber 1874 im nahen Bochum-Wattenscheid.

Adresse Kaiser-Otto-Platz, 45276 Essen-Steele | **EVAG** STR 103, 109 sowie S 1, S 3, S 9, Haltestelle Essen-Steele | **Tipp** Ebenfalls auf dem Kaiser-Otto-Platz stehen Ötte und Willem. Die beiden Bergleute aus Bronze sind Teil der Brunnenanlage und prägen das Bild des Platzes.

16 Das ChorForum

Eine Kirche für Gesang

Essen besitzt viele Chöre und Gesangsensembles. Doch durch den Umbau des Saalbaus zur Philharmonie Essen fielen für die dort ansässigen Vokalgruppen die Probenräume weg. Der Herausforderung, sie wieder unter einem Dach zu bündeln, nahm sich die eigens dafür gegründete Stiftung »ChorForum Essen« an. Mit der St.-Engelbert-Kirche, die ab 2008 von der Gemeinde nicht mehr genutzt wurde, fand man einen idealen Ort für die Verwirklichung dieses Vorhabens. Zum einen steht der Sakralbau in direkter Nachbarschaft des Saalbaus und des Aalto-Theaters, zum anderen bietet er für Chöre eine ideale Raumakustik. Dass die alte, unter Denkmalschutz stehende Kirche so eine Umnutzung erfährt, die sie angemessen würdigt, kommt noch hinzu.

In Eigeninitiative der Stiftung baute man sie daher zum sogenannten ChorForum um, ohne aber das Wesen des Gebäudes und seine sakrale Atmosphäre zu verändern. So hängt beispielsweise noch immer das beeindruckende Holzkruzifix des Bildhauers Ludwig Gies, der auch den Bundesadler entwarf, unter der Decke des Altarraums. Die Kirchenhalle selbst wurde zum Konzertsaal und bietet seit 2011 bis zu 400 Besuchern Platz. Zu Ehren des ersten Musikdirektors der Stadt Essen benannte man sie in Hendrik-Witte-Saal um. Im Untergeschoss befindet sich mit dem Wilhelm-Nedelmann-Saal ein weiterer, ebenso atmosphärischer Raum für öffentliche Musikdarbietungen. Zudem dient die vorgelagerte Kapelle mit ihrer farbigen Glaskuppel ebenfalls als Veranstaltungsstätte. Auch Proben- und Seminarräume sind in den Gemäuern untergebracht.

Zahlreiche Konzerte locken nun in die verschiedenen Säle des ChorForums. Aber nicht nur musische Darbietungen stehen auf dem Programm, auch Theaterstücke, Kunstveranstaltungen, Schach- und Meditationskurse bereichern das kulturelle Angebot. Und selbst für private Festivitäten können die Räumlichkeiten im ChorForum angemietet werden.

Adresse Fischerstraße 2–4, 45128 Essen-Südviertel, www.chorforum-essen.de | **EVAG** STR 105, 106, Haltestelle Kronprinzenstraße, Bus 145, 146, Haltestelle Hohenzollernstraße | **Öffnungszeiten** täglich 9–22 Uhr und bei Veranstaltungen | **Tipp** Am Aalto-Theater und am Saalbau befindet sich auch der Stadtgarten. Er ist Essens erste Parkanlage und lockt noch immer zahlreiche Erholungssuchende an.

17 Der Dellwiger Dom
Von einer Notkirche zu einem Monument

Offiziell heißt das Gotteshaus eigentlich St. Michael. Doch wie so oft formte auch hier der Volksmund die passendere Bezeichnung. Denn der Dellwiger Dom, wie er von den Anwohnern liebevoll getauft wurde, ist wahrlich stattlich und zeichnet sich durch architektonische und künstlerische Besonderheiten aus – ein wahrer Kulturschatz.

Da wäre beispielsweise das Glasmosaik am Altar, das mit seinen Darstellungen zum Thema Eucharistie Seltenheitswert besitzt. Aber auch das steinerne Antoniusrelief von 1918 oder die neugotische Madonna im Querschiff sind sehenswert. Vor allem aber der farbige Fliesenboden springt sofort ins Auge und macht das Kircheninnere besonders.

Von außen dominiert zunächst der hohe Kirchturm, der selbst in den umgebenden Stadtteilen noch deutlich zu sehen ist. Eine Umrundung des Gebäudes lohnt ebenfalls, da unter anderem auch der kleine Rundturm am östlichen Ende zum Charme des Sakralbaus beiträgt.

Dabei hatte 1901 alles sehr bescheiden und klein angefangen. Der weite Weg zur Pfarrei in Borbeck hielt viele Gläubige vom Gottesdienst fern. Als dann durch die zunehmende Industrialisierung auch noch die Bevölkerung schnell wuchs, gründete man zunächst eine Notkirche. 1905 entwickelte sich daraus eine eigene Pfarrei, und schließlich gab man die Kirche in Auftrag. Nach nur zweijähriger Bauzeit wurde 1911 der Dellwiger Dom eröffnet. Die ehemalige Bauerschaft war plötzlich zu einem klerikalen und industriellen Zentrum gewachsen.

1984 blickte Dellwig dann auf eine 1.000-jährige Geschichte zurück, die über Hunderte von Jahren durch Landwirtschaft und in der jüngsten Zeit stark durch den Bergbau geprägt war. Um an die Bedeutung beider Wirtschaftszweige für Dellwig zu erinnern, stellte man daher direkt neben St. Michael sowohl eine Seilscheibe aus der Zeche Helene Amalie als auch einen historischen Pflug aus dem 19. Jahrhundert auf.

Adresse Langhölterweg, 45357 Essen-Dellwig | **EVAG** STR 166, Haltestelle Langhölterweg | **Öffnungszeiten** zu den heiligen Messen Sa 18 Uhr, So 9.30 Uhr, Mi, Fr 8.30 Uhr | **Tipp** Das Schulgebäude am Kraienbruch 79/81 steht unter Denkmalschutz. Der historische Backsteinbau besticht durch seine Zwillingsfenster und den vorspringenden Eingangsbereich.

18 Das Denkmalgebiet Hü'weg

Für einen Bürgermeister, den es nicht mehr gab

Steele war einer der Stadtteile, die den Zweiten Weltkrieg relativ glimpflich überstanden – zumindest was die vorhandene Bausubstanz anging. Doch im Zuge einer der größten städtebaulichen Sanierungsmaßnahmen Deutschlands schleiften findige Stadtplaner in den 1960er und 1970er Jahren viele der historischen Bauten; es kam dem Totalabriss eines ganzen Stadtteils nah. Vorindustrielle Fachwerkbebauung und zahlreiche Gründerzeithäuser wurden dem Erdboden gleichgemacht und durch pragmatische Neubauten ersetzt.

Die Straßenzüge rund um den Hünninghausenweg blieben jedoch erhalten und zeugen noch heute von der damaligen Pracht Steeles. Die Dichte an erhaltenen Altbauten trägt zu dem hohen Lebenskomfort bei. Doch auch die Nähe zur Ruhr und ihrer Promenade machen Steele nun zu einem beliebten Wohnviertel. Knapp 40 der Häuser entlang des Hünninghausenwegs und der angrenzenden Straßen stehen sogar unter Denkmalschutz. Erbaut wurden sie alle im frühen 20. Jahrhundert und strahlen daher den Charme der damaligen Zeit aus.

Dabei wartet das Haus mit der Hausnummer 13 mit einer skurrilen Anekdote auf. Denn als man es 1928 fertigstellte, sollte es als Wohnsitz für einen zukünftigen Bürgermeister dienen. Doch so weit kam es nie, da das damals selbstständige Steele 1929 zu Essen eingemeindet wurde und keinen neuen Stadtoberen mehr benötigte. Zu dem als »Denkmalgebiet Hünninghausenweg« bezeichneten Areal gehören unter anderem auch der Joseph-Boismard-Weg und der Eickelkamp. Dort setzt sich die zum Teil villenartige Bebauung der Gründerzeit fort. Ins Auge springt dabei das Säulenportal der 1912 erbauten Helene-Lange-Schule. Seit ein paar Jahren versucht man, den alten Glanz mit der Installation historischer Straßenlaternen zu unterstreichen.

Im Volksmund bezeichnet man die Hauptstraße des Denkmalgebiets der Einfachheit halber übrigens nur als Hü'weg.

Adresse Hünninghausenweg, 45276 Essen-Steele | **EVAG** Bus 166, Haltestelle Grendtor | **Tipp** Die Gasse »Alte Zeilen« direkt am Kaiser-Otto-Platz zeugt ebenfalls noch von dem ehemaligen Glanz Steeles.

19 Das Deutsch-Französische Kulturzentrum
Von Comicsammlung bis Musikfestival

Zwar bildeten sich die ersten französischen Institute in der Bundesrepublik bereits in den 1950er Jahren. Doch erst mit dem Élyseé-Vertrag, der 1963 die politische Freundschaft beider Nationen besiegelte, schuf man vermehrt deutsch-französische Kulturzentren, um den länderübergreifenden Dialog voranzutreiben. Die Essener Institution besteht seit 1971 in Rüttenscheid und ist als einziges frankophiles Kulturzentrum dieser Art im Ruhrgebiet bedeutend für die gesamte Region. Aber auch für den Stadtteil selbst nimmt es einen hohen Stellenwert ein.

Untergebracht ist das Deutsch-Französische Kulturzentrum in einem Anbau der Sternschule auf der Brigittastraße. In den Räumlichkeiten befindet sich unter anderem eine umfangreiche französische Bibliothek. Ihr Bestand umfasst über 15.000 Medien und setzt sich sowohl aus Fach- und Sachliteratur als auch aus belletristischen Werken zusammen. Dazu zählt auch eine franko-belgische Comicsammlung, die als eine der größten ihrer Art in Deutschland gilt. Literatur ist sowieso ein großes Thema im Kulturzentrum. Immer wieder werden französischsprachige Autoren zu Lesungen, Diskussionen und Gesprächen nach Essen eingeladen. Aber auch spannende Vorträge namhafter Wissenschaftler, Politiker oder Journalisten stoßen hier auf großen Anklang. Zudem werden Werke französischer und frankophiler Künstler in der Galerie präsentiert und in Wechselausstellungen vorgestellt.

Darüber hinaus werden auch in Kooperation mit Kinos, Theatern und anderen Kulturveranstaltern französische Themenabende außerhalb der eigenen Räumlichkeiten gestaltet. So begeistert beispielsweise das vom Deutsch-Französischen Kulturzentrum organisierte Festival »Fête de la Musique« jedes Jahr im Werdener Bürgermeisterhaus.

Adresse Brigittastraße 34, 45130 Essen-Rüttenscheid, https://essen.institutfrancais.de | **EVAG** STR 106, Haltestelle Cäcilienstraße | **Öffnungszeiten** Mo, Do 14.30 – 18.30 Uhr, Mi 10 – 16.30 Uhr, weitere Öffnungszeiten auf der Homepage beim Veranstaltungsprogramm | **Tipp** Der Rüttenscheider Bürger- und Verkehrsverein hat verschiedene Denkmalpfade durch den Stadtteil eingerichtet. Sie beginnen alle am alten Rathaus auf der Rü.

20 Der Donjon
Kein Kerker, ein Wohnturm

Der englische Begriff »Dungeon« stammt ursprünglich aus dem Französischen und leitete sich von »Donjon« ab. Doch hat sich durch die Verschiebung in den britischen Sprachraum auch die Bedeutung des Ausdrucks gewandelt. Denn während unter Dungeon ein Kerker oder Verlies verstanden wird, ist der Donjon ein Wohnturm mittelalterlicher Burgen.

Die Ruine der Burg Altendorf besitzt noch einen solchen Donjon, er gilt als der am besten erhaltene zwischen Rhein und Weser. Mit seiner Höhe von über 20 Metern prägt er das Stadtteilbild Burgaltendorfs. Der Wohnturm stammt samt umschließender Burganlage aus dem 12. Jahrhundert und thront auf einem Bergrücken hoch über dem Ruhrtal.

Im Laufe der Jahrhunderte erfuhr die im romanischen Stil errichtete Wasserburg diverse Umbauten und Erweiterungen, sodass Einflüsse der Gotik und der Renaissance noch heute erkennbar sind. Dabei ist die Burg selbst mittlerweile nur noch als Ruine vorhanden. Doch nicht zuletzt dank ihrer zum Teil gut erhaltenen Burgmauern werden die früheren Ausmaße der Anlage deutlich. Die ehemalige Gräfte maß zwischen 90 und 130 Metern und umschloss Vor- und Hauptburg. Sie ist mittlerweile trockengelegt, aber noch als begrünte Bodensenke erkennbar.

Während sich am nördlichen Rand der Vorburg seit den 1960ern eine Gastronomie angesiedelt hat, öffnet sich die Ruine der Hauptburg nur für Führungen. In ihr steht der mächtige Donjon, der dann auch begehbar ist. Zwar sind die Zwischendecken des Wohnturms nicht mehr erhalten, aber alte Kreuzrippengewölbe und Kaminreste sind noch erkennbar. Zudem führt eine Treppe hinauf auf eine Aussichtsplattform. Und ein dunkles Geheimnis offenbart der Wohnturm dann auch noch. Denn einen Dungeon im englischen Sinne besaß der Altendorfer Donjon ebenfalls – das Kellergeschoss wurde bis ins 17. Jahrhundert als Gefängnis genutzt.

Adresse Burgstraße 2, 45289 Essen-Burgaltendorf | **EVAG** Bus 166, SB 15, Haltestelle Burgaltendorf Ruine | **Öffnungszeiten** Mitte April–Mitte Okt. Sa, So und Feiertage 15–17 Uhr | **Tipp** Auf der Grünfläche am Rondell des Busbahnhofs steht der »Altendorfer Hinkelstein«. Der zwei Tonnen schwere Findling erinnert an Burgaltendorfs erstmalige urkundliche Erwähnung vor über 850 Jahren.

21 Essens tiefster Punkt
Postkartenidylle in der Mathias-Stinnes-Siedlung

Aus geografischer Sicht ist die Hattramstraße mit nur 26,5 Metern über dem Meeresspiegel der städtische Tiefpunkt. Dennoch bietet sie als Teil der Mathias-Stinnes-Siedlung jede Menge Höhepunkte – vor allem architektonischer und geschichtlicher Natur. Denn die Siedlung ist als komplette Einheit noch vollständig erhalten und verzückt mit ihren alten Häuserzeilen die Besucher und Bewohner. Im Frühling, wenn die Kirschbäume blühen, die entlang der Straßen wachsen, präsentiert sie sich gar in einer Postkartenidylle, die man sicher nicht im Essener Norden erwartet hätte. Aber auch ohne die Blütenpracht lädt die Siedlung zum Spazieren ein. Durch den geringen Autoverkehr und die hohe Dichte an Spielstraßen wirkt das Viertel nahezu befreit vom städtischen Lärm. Auch die fußläufig erreichbare Emscher und Ackerflächen verstärken das Gefühl einer abgeschiedenen Dorfstruktur.

Dabei ging es hier mal sehr betriebsam zu. Errichtet wurde die Siedlung ab 1890 für die Bergleute der Zeche Mathias Stinnes, die zu ihren Bestzeiten mit knapp 8.000 Arbeitern bis zu 2,5 Millionen Tonnen Kohle jährlich förderte. Doch von dem Bergwerk selbst ist nur noch eine Seilscheibe erhalten, die stolz am Eingang der Kolonie an der Karnaper Straße steht. Die Matthias-Stinnes-Siedlung nimmt fast ein Drittel des Stadtteils ein und steht zum Großteil unter Denkmalschutz.

Der tiefste Punkt selbst befindet sich ziemlich genau auf Höhe der evangelischen Kirche in der Siedlung. Der Sakralbau fügt sich durch Verwendung des gleichen Materials, nämlich Backsteine, und seine zurückhaltende Schlichtheit harmonisch in das architektonische Konzept der Siedlung ein. Und gerade diese pragmatische Eleganz macht sie so ansehnlich. Von hier sind es knapp 18 Kilometer Luftlinie gen Süden, zu Essens höchstem Punkt. Dieser liegt mit 202,54 Metern über dem Meeresspiegel an einem Golfplatz in Heidhausen.

Adresse Hattramstraße, 45329 Essen-Karnap | **EVAG** U17, Haltestelle Arenbergstraße | **Tipp** An der Karnaper Straße 101 steht ein denkmalgeschütztes altes Apothekenhaus. Vor allem der Fachwerkgiebel mit Inschrift und der kleine Erker sind sehenswert.

22 Die Eyhof-Siedlung
Eine Insel und ein Hagelkreuz

Betrachtet man die Eyhof-Siedlung auf einer Straßenkarte, ähneln ihre Umrisse einem Dreieck – allerdings mit einer stark gerundeten, bogenförmigen Spitze. Als künstlerischer Beirat des »Allgemeinen Bauvereins Essen« wurde Josef Rings 1920 mit dem Bau der Siedlung beauftragt, nachdem durch den Ersten Weltkrieg massive Wohnungsnot bestand. Er konzipierte sie als in sich geschlossenes Dorf vor allem für den hiesigen Mittelstand. Dabei verfolgte er eine konsequente Rationalisierung in der Architektur, wollte Schlichtheit und eine deutlich zu sehende Symmetrie. Er legte eine zentrale Achse an, von der sich die Siedlung einheitlich zur Seite hin aufbaut – regelrecht spiegelt. Beginnend mit einem Eingangsportal, dem Torbogenhaus, das den Siedlungsbesucher und -bewohner begrüßt, zieht sich entlang dieser Hauptachse mit dem »Grünhof« eine kleine Parkanlage, zu der hin die restlichen Straßen ausgerichtet wurden.

Vor allem der schlichte Baustil und die idyllische Lage unterscheiden die Siedlung von Bergbaukolonien. Dass eine der kleinen Straßen dann auch noch »Eiland« heißt, verdeutlicht noch mal, wie abgeschieden die Eyhof-Siedlung liegt, eben fast wie eine Insel. Im Westen, Norden und Osten komplett vom Essener Stadtwald umgeben, ist sie nur vom Süden her, von der Frankenstraße aus, für Autos zugängig.

Den Namen verdankt die Siedlung einem ehemaligen Landwirtschaftsbetrieb, dem Eyhof, der vor Jahrhunderten dort ansässig war. Und auch das noch immer als Heimatdenkmal hier stehende Hagelkreuz in der gleichnamigen Straße hat schon einige Jahrhunderte auf dem Buckel. Es stammt aus dem Jahre 1667. Denn um die Häuser vor Hagelschäden zu schützen, bat man damals um göttlichen Beistand und zog jeden Freitag nach Pfingsten zu dem Kreuz. Noch heute erinnert es an die alte Tradition der »Hagelprozessionen« und bildet neben den schönen Siedlungshäusern einen weiteren Blickfang.

Adresse Angerstraße, 45134 Essen-Stadtwald | **EVAG** Bus 122, 144, 194, 171, Haltestelle Waldsaum | **Tipp** Westlich der Eyhof-Siedlung an der Wittenbergstraße liegt die vom Architekten Alfred Fischer geschaffene Reithalle im Bauhausstil. Sie stammt aus dem Jahre 1929.

23 Die Flugsimulatoren
Von Boeing bis De Havilland

Ob mit einer Boeing 737 in Düsseldorf abheben oder mit einem Airbus 320 auf den Flughäfen der Welt landen – die Flugsimulatoren in Kupferdreh lassen den Traum vom Fliegen für jedermann wahr werden. Natürlich nur in der virtuellen Welt. Aber diese wirkt real, zumal die Cockpits originalgetreu sind und sich durch eine ausgeklügelte Hydraulik den Bewegungen der digitalen Flieger anpassen.

Die Simulatoren stehen auf dem Gelände der Flugschule »TFC Käufer« und dienen auch tatsächlich der Aus- und Weiterbildung. Da die Technik auf dem aktuellsten Stand ist, schicken selbst die renommiertesten Fluggesellschaften ihre Piloten zu Schulungszwecken vorbei. Doch »TFC Käufer« schult natürlich auch selbst und betreut die komplette Pilotenausbildung von der ersten Praxisstunde über Theorieeinheiten bis hin zur fertigen Fluglizenz. Für echte Sicht- und Instrumentenflüge greift man dabei auf die eigenen Standorte an den Flughäfen Düsseldorf und Essen/Mülheim zurück. An Letzterem steht mit der »Dove« des britischen Flugzeugbauers De Havilland eine echte Rarität. Der Oldtimer aus dem Jahre 1949 lässt sich für Rundflüge über das Ruhrgebiet und sogar für europaweite Privatflüge chartern.

Aber wer doch lieber selber fliegen will, kann einen der zwei Flugsimulatoren für 20, 30 oder 60 Minuten buchen. Das Schulungszentrum bietet dafür einmal im Monat entsprechende Wochenendtermine an. Eine Besichtigung des ganzen Hauses, eine fachmännische Betreuung und natürlich ein ausführliches Briefing gehören dazu. Darüber hinaus steht die Flugschule auch für Führungen und Schulexkursionen zur Verfügung.

Und für alle Fliegerei-Begeisterten, die von dem Ambiente nicht genug bekommen, bietet »TFC Käufer« noch etwas ganz Besonderes an: Die Flugschule lässt sich für Firmenevents und Privatveranstaltungen anmieten, sodass wer will zu Füßen der beiden Flugsimulatoren feiern kann.

Adresse Rehmanns Hof 45, 45257 Essen-Kupferdreh, www.tfc-airlebnis.de, www.tfc-kaeufer.de | **EVAG** Bus 171, 180, Haltestelle Ruhrlandkaserne | **Öffnungszeiten** monatlicher Wochenendtermin, siehe Homepage | **Tipp** Der Kupferdreher Volkspark am »Reulsbergweg« wurde bereits 1928 angelegt. Mitten auf dem Reulsberg gelegen, ist er ein beliebtes Naherholungsziel, von dem aus sich weite Blicke in die Umgebung ergeben.

24 Der Fördergerüst-Kirchturm

Wenn der Weg zur Bildung unter Tage liegt

Es war eine fixe Idee: Wenn Essen schon auf eine Bergbautradition zurückblickt, warum sollte man diese nicht auch symbolisch in das klerikale Leben integrieren? Und da die Region eh mit stillgelegten Fördertürmen übersät war, lag es nahe, auch einen baulichen Bezug zu schaffen – durch ein altes Fördergerüst, das fortan als Kirchturm weiterbestehen konnte. Vorgemacht hatte es schon das Bochumer Bergbaumuseum, das zuvor (1974) erfolgreich den Förderturm der Zeche Germania aus Dortmund versetzen ließ.

Doch schnell stellte sich heraus, dass dieses Unterfangen für die kleine Gemeinde St. Altfrid in Freisenbruch nicht umsetzbar war. Allein der Abbau, Transport und Wiederaufbau eines Fördergerüsts wären finanziell nicht machbar gewesen. Doch von monetären Hindernissen ließ man sich nicht beeindrucken.

Die kostengünstige Lösung fand sich dann in einer kleineren Neukonstruktion. Selbst Franz Kardinal Hengsbach, damals noch nicht mit dem Würdentitel »Kardinal« belegt, war begeistert und steuerte 10.000 Mark für den Bau bei. Er hatte schon zuvor für die Gemeinde, die dem Essener Stiftsgründer gewidmet ist, die steinerne Initiale »A« entworfen, die in das fast drei Meter hohe Altfridkreuz am Kircheneingang eingearbeitet wurde.

Am 28. Januar 1987 war es dann so weit, und der neue Kirchturm wurde geliefert. Seine Form war dem eines einfachen Strebengerüsts nachempfunden. Man stellte ihn dem Altfridkreuz zur Seite. Der Fördergerüst-Kirchturm als Reminiszenz an vergangene Bergbautage bildet nun das Aushängeschild der Kirche. Symbolträchtig ist dabei aber auch Folgendes: Stellen Fördertürme normalerweise den Eingang zur Welt unter Tage dar, eröffnet das St.-Altfrid-Strebengerüst nun den Weg zur Bildung. Denn unterhalb des bergmännischen Kirchturms findet sich der Zugang zur Gemeindebücherei.

Adresse Minnesängerstraße 61, 45279 Essen-Freisenbruch | **EVAG** Bus 174, Haltestelle Freisenbruchstraße | **Tipp** Am »Hellweg« befindet sich ein 16 Hektar großer städtischer Friedhof. Er besitzt Essens einziges Krematorium.

25 Das Fort Kiekenberg
Die Rückkehr der Kunst in altes Gemäuer

Mittlerweile ist hier die Kunst wieder zu Hause. Denn in den alten Gemäuern am Kiekenberg hat eine Malerin ihr Atelier eingerichtet. Dabei erinnert das Haus von außen zunächst an eine alte Befestigungsanlage. Die Burgzinnen, die turmähnlichen Hausecken und die wie Schießscharten anmutenden, lang gezogenen Fensteröffnungen haben dafür gesorgt, dass es im Volksmund auch als »Fort Kiekenberg« bezeichnet wird. Doch eine solche Festung ist es nie gewesen. Erbaut wurde es 1905 als Wasserspeicher, der die Nachbargemeinden versorgte. Die entsprechenden Tanks befanden sich im Keller, der mittlerweile nicht mehr existiert. Die dazugehörige ehemalige Schaltzentrale im Erdgeschoss beherbergt nun das Atelier.

Seine ursprüngliche Funktion als Wasserreservoir erfüllte das Fort Kiekenberg nur circa neun Jahre. Daraufhin machte sich bereits erste Kunst in den Räumlichkeiten breit. Es diente als kleines Theater und bildete einen kulturellen Treffpunkt des frisch nach Essen eingemeindeten Stadtteils. Doch ab den 1950er Jahren erfuhr es erneut eine Umnutzung. Eine Schreinerei unterhielt das Gebäude jahrzehntelang als Werks- und Lagerhalle, was dem alten Gemäuer sehr zusetzte.

Ab 2004 wurden schließlich Sanierungs- und Umbauarbeiten notwendig, wobei man die burgähnliche Fassade erhielt, sie jedoch mit einem frischen Gelb zu neuem Leben erweckte. Pünktlich zum 100-jährigen Bestehen des Gebäudes kehrte dann 2005 endlich mit dem sogenannten »Burgatelier« samt Malschule die Kultur zurück ins Fort Kiekenberg. Seitdem ist es Inspirationsstätte und Arbeitswelt der Essener Künstlerin Daliah Sölkner, die unter anderem mit ihren fotorealistischen Acrylmalereien für Aufsehen sorgt. Sie öffnet »ihr« Fort nun für Kunstinteressierte und lädt Erwachsene und Kinder mit altersgerechten Workshops, Malkursen und Ausstellungen regelmäßig in die historischen Gemäuer ein.

Adresse Kiekenberg 8a, 45359 Essen-Bedingrade, www.burgatelier.de | **EVAG** Bus 143, Haltestelle Dümptener Straße | **Tipp** An der Ecke der Straße »Auf dem Eichholz« zur Bedingrader Straße steht der Brinkmannshof. In dem ansehnlichen Gemäuer hat auch der Borbecker Imkerverein sein Sommerquartier.

26 Die Friedenseiche
Aller guten Dinge sind vier

Über 140 Jahre könnte die Eiche nun alt sein, hätte sie in Ruhe wachsen dürfen. Doch so sollte es nicht sein. Der stattliche Baum, der an der Schloßstraße zur Ecke Frintroper Straße steht, bildet bereits die vierte Generation hiesiger Friedenseichen und ist somit deutlich jünger.

Alles begann jedoch schon 1872. Der deutsch-französische Krieg als letzter deutscher Einigungskrieg war bereits beendet und der Wunsch, der Gefallenen zu gedenken, geweckt. Die Eiche mit ihrem harten Holz galt schon lange als Symbol für Standhaftigkeit und Unsterblichkeit und schien ein ideales Ehrenmal abzugeben. So pflanzte der »Kriegerverein Essen-Frintrop« eine erste Friedenseiche an die Kreuzung. Doch sie erwies sich alles andere als standhaft. Bereits 1896 musste ein neuer Baum her. Die Gründe für die Neupflanzung sind leider nicht überliefert, doch Eiche Nummer zwei hielt sich immerhin fast 50 Jahre an ihrem Standort. Dann fiel sie 1944 einem Fliegerangriff zum Opfer.

Die dritte Friedenseiche setzte die Stadtverwaltung dann erst 1958 an die Frintroper Straße. Doch auch ihr war nur ein kurzes Leben vergönnt – ein Sturm zerstörte den jungen Baum. Eiche Nummer vier steht nun immerhin seit 1964 und kann mit ihren über 50 Jahren endlich die Standhaftigkeit vorweisen, die zur Ehrerbietung der Gefallenen gewünscht war. Aufgestellt durch den Frintroper »Bürger- und Verkehrsverein«, soll sie nun den Toten aller Kriege gedenken und als Symbol für Frieden, Freiheit und Brüderlichkeit stehen. Der Verein verschönerte 1997 auch den Platz »Zur Friedenseiche« und stellte dem Baum einen Findling zur Seite. 2005 ergänzte man das Duo im Zuge des Kölner Weltjugendtags um ein 4,5 Meter hohes und 300 Kilogramm schweres Kreuz.

Der »Bürger- und Verkehrsverein« trägt die Friedenseiche auch in seinem Vereinswappen. Im Frintroper Stadtteilwappen hingegen sind allerdings Lindenblätter dargestellt.

Adresse Schloßstraße Ecke Frintroper Straße, 45359 Essen-Frintrop | **EVAG** STR 105, Haltestelle Frintroper Höhe | **Tipp** Direkt gegenüber an der Schloßstraße 357 befindet sich das »Stammhaus«, das für die Ortsentwicklungen Frintrops und Bedingrades bedeutend war. Die noch weitestgehend erhaltene Ausstattung des Gastraumes stammt aus den Jahren 1910 bis 1934.

27 Der Frintroper Wasserturm

Wasser für das Umland

Der Name ist ein wenig verwirrend. Denn obwohl er als »Frintroper Wasserturm« bezeichnet wird, steht er ganz eindeutig in Bedingrade. Doch beide Stadtteile verbindet viel – historisch sowieso und kulturell allein schon der gemeinsame Bürgerverein –, und da sieht man es nicht ganz so eng, wenn man dieses architektonische Erbe zumindest mundsprachlich falsch zuordnet. Das circa 44 Meter hohe Wahrzeichen steht immerhin nahe der Grenze zu Frintrop.

Errichtet wurde es ab Oktober 1896 im Auftrag der Firma Thyssen in damals typischer Backsteinbauweise. Den Rundkörper wertete man durch das Einbringen von Blindfenstern, Gesimsen und Blendöffnungen optisch auf. Durch diese baulichen Elemente und die komplett weiß getünchte Backsteinfassade ähnelt zumindest der gemauerte Abschnitt einem Schlossturm. Wäre da nicht der kugelige Stahlbehälter, der auf der Spitze thront. Er fasst knapp eine Million Liter Wasser und weist seit einer Großsanierung im Jahre 1977 die typische Wellenornamentik in verschiedenen Blautönen auf. Der nicht ummantelte Behälter zählt zur Kategorie der verbesserten Intze-II-Generation.

Otto Intze galt als Pionier der Wasserwirtschaft. Nicht nur, dass er zahlreiche Talsperren konzipierte, auch seine Erkenntnisse beim Bau von Wassertürmen waren wegbereitend. Die gewölbte Form seiner Stahlbehälter ermöglichte es, dass sich Horizontalkräfte ausglichen und die die Speicher tragenden Türme in einer relativ schlanken und somit kostengünstigen Bauweise errichtet werden konnten. Dieser Baustil wurde bis 1905 angewandt und findet sich unter anderem beim Frintroper Wasserturm wieder.

1995 stellte man ihn dann unter Denkmalschutz. Er ist noch immer in Betrieb, liefert aber, und das ist ebenso kurios wie die fehlerhafte Titulierung, kein Wasser für Essen, sondern versorgt die Nachbarstädte Bottrop, Gladbeck und Dorsten.

Adresse Frintroper Straße Höhe Am Kreyenkrop, 45359 Essen-Bedingrade | EVAG STR 105, Haltestelle Am Kreyenkrop | Tipp Ein weiterer sehenswerter Wasserturm befindet sich am anderen Ende der Stadt an der Niederweniger Straße 257c in Byfang. Er steht auf dem höchsten Hügel der Ruhrhalbinsel, von dem sich eine tolle Aussicht ergibt.

28 Der Fünfkirchenblick

Veleda, die Priesterin der Spillenburg

Betritt man den Wanderweg »Fünfkirchenblick« auf Höhe der Bezirkssportanlage Hubertusburg, durchstreift man zunächst eine kleine Grünanlage. Den Grund für die Namensgebung des Weges entdeckt man erst, folgt man ihm weiter den Ruhrsteilhang entlang. Die atemberaubende Aussicht gen Osten gewährte zur Zeit der Benennung, nämlich 1936, den Blick auf fünf Kirchturmspitzen.

Alle fünf Kirchtürme sind mittlerweile nicht mehr auszumachen, was zum einen an der sich verändernden Infrastruktur und zum anderen an dem zunehmenden Bewuchs des Weges liegt – aber der tolle Fernblick ist geblieben. Der Wanderweg bietet mehrere Aussichtspunkte mit Sitzbänken und Panoramablicken. Zu Füßen liegen einem dann die weitflächigen Wiesen der Wassergewinnungsanlage der Stadtwerke Essen und der Gelsenwasser AG, das Spillenburger Wehr und natürlich die Ruhr. In der Ferne sieht man mindestens die Stadtteile Überruhr, Burgaltendorf, Horst, Byfang und Steele. Bei guten Sichtverhältnissen ist gar der Förderturm der ehemaligen Zeche Heinrich in Holthausen zu erkennen.

Im Winter ist der Fünfkirchenblick wegen des fehlenden Laubes zu empfehlen. Dann erhascht man an Stellen, die sonst das dichte Blattwerk verdeckt, ganz andere Ausblicke ins Ruhrtal. Folgt man dem Weg, führen schließlich steile Treppen hinab ans Wasser. Unterhalb des Fünfkirchenblicks, ungefähr dort, wo die Spillenburgstraße auf die Westfalenstraße stößt, lebte einer Sage nach die germanische Seherin Veleda in einer geweihten Felshöhle. Sie wirkte um das Jahr 70 und entstammte dem Volk der Brukterer. Bei den Germanen genoss die »Priesterin der Spillenburg« hohes Ansehen, da sie die Kriegsgeschicke vorhersagen konnte. Eine Felshöhle ist hier heute jedoch nicht mehr erkennbar.

Übrigens: Fünfkirchen ist auch der eingedeutschte Name der ungarischen Stadt Pécs, die im Jahr 2010 zusammen mit Essen europäische Kulturhauptstadt war.

Adresse Fünfkirchenblick, 45136 Essen-Bergerhausen | **EVAG** STR 109, Haltestelle Knappschaftskrankenhaus | **Tipp** Der Park des Knappschaftskrankenhauses ist nicht fern. Er bietet neben altem Baumbestand ein tolles Idyll hoch auf dem Ruhrhang mit entsprechender Aussicht.

29 _ Das Gartenhaus Dingerkus
Durch den Einsatz beherzter Bürger gerettet

Als letzter Kanzleidirektor der Abtei Werden erlebte Johann Everhard Dingerkus, wie das Kloster 1803 der Säkularisation zum Opfer fiel. Zudem wurde er trotz bereits hohen Alters 1811 zum Auszug aus seiner Dienstwohnung gezwungen. Doch zum Glück hatte er sich schon ab 1790 ein Refugium geschaffen, aus dem man ihn nicht vertreiben konnte und in dem er Ruhe vor den politischen Wirrungen der damaligen Zeit fand – ein Teehaus samt Garten. Dabei bediente er sich des Vorbilds englischer Landschaftsgärten. Vor dem sogenannten Brandstor der damaligen Stadt Werden gelegen, erstreckte sich das Grundstück bis fast hinunter an die Ruhr. Der Garten diente neben der Erholung auch dem Anbau von Obst und Gemüse. Am höchsten Punkt des Grundstücks, schon auf halber Höhe des Pastoratsbergs, stand das Teehaus – eine kleine Warte mit Blick über das damals noch unbebaute Ruhrtal.

Errichtet wurde es vom abteilichen Baumeister Engelbert Kleinhanz, der zuvor auch das Torhaus der Werdener Abtei schuf. Zwar gingen durch die Bebauung der Straße »Wesselswerth« Anfang des 20. Jahrhunderts die Sichtachse zur Ruhr und große Teile des Grundstücks verloren, aber das kleine Gartenhaus im spätbarocken Stil mit seinen zwei Geschossen und knapp 25 Quadratmetern Grundfläche blieb erhalten.

Nachdem es zunächst in Vergessenheit geriet, nahmen sich beherzte Bürger des Dingerkus'schen Kleinods an und erwirkten sogar einen Denkmalschutz. Sie renovierten das Gartenhaus und schufen eine Stätte der Kunst und Kultur. Ob Sommerkonzert im Garten oder eine Ausstellung im Obergeschoss des Häuschens – es rückt nun immer mehr in den Mittelpunkt des nachbarschaftlichen Lebens.

Dabei verliert man auch den ursprünglichen Zweck nicht aus den Augen. Neben jeder Menge Erholung findet man im Garten noch immer Nutzpflanzen – und zwar jene, die laut Überlieferung schon Dingerkus anbaute.

Adresse Brandstorgasse, 45239 Essen-Werden, www.gartenhaus-dingerkus.de | **EVAG** Bus 169, 180, 190, Haltestelle Werdener Markt | **Tipp** Auch Dingerkus' damalige Dienstwohnung, das Haus Lühr, ist noch erhalten. Es steht auf dem Abteiberg neben der Basilika und dient als normales Wohnhaus.

30_Die Gedenksteine
Noch immer sterben Menschen

50 Jahre Frieden – dies feierte man am 8. Mai 1995, als der SPD-Ortsverband Haarzopf die ersten Kriegs-Gedenksteine aufstellte. Denn der 8. Mai 1945 ging als Tag der Befreiung in die Geschichte ein. Damals trat die bedingungslose Kapitulation der deutschen Wehrmacht in Kraft, und der Zweite Weltkrieg endete offiziell. Die Gedenksteine erinnerten an dieses denkwürdige Ereignis und daran, dass seitdem fünf friedliche Jahrzehnte in Deutschland vergangen waren, in denen der demokratische Neubeginn der Bundesrepublik geglückt war.

50 Jahre Krieg – auch dies traf am 8. Mai 1995 zu, als man die ersten Steine in Haarzopf aufstellte. Denn oft wird vergessen, dass seit 1945 noch immer Hunderte von kleinen und großen Kriegen auf der Welt wüteten. Man schätzt, dass zwischen dem Ende des Zweiten Weltkriegs und dem Jahr 1995 über 40 Millionen Menschen ihr Leben durch militärische Konflikte ließen. Da wäre zum Beispiel der Erste Indochina-Krieg zwischen Frankreich und den Vietminh, der von 1946 bis 1954 über 600.000 Todesopfer forderte. Oder der Zweite Kaschmir-Krieg 1965, der Sechstagekrieg im Nahen Osten 1967 und der Erste Golfkrieg zwischen dem Iran und dem Irak, der über 300.000 Menschenleben kostete. Die Steine machen auf diese Kriege aufmerksam und gedenken ihrer Opfer.

»50 Jahre Krieg, 50 Jahre Frieden« nennt sich daher das Projekt, das vor über 20 Jahren verwirklicht wurde und aus mittlerweile 17 Findlingen besteht. Die Gedenksteine liegen relativ unscheinbar an einem Fußweg, der die Hatzper Straße mit der Straße Auf'm Bögel auf Höhe des Kirschbaumswegs verbindet. Diese Unauffälligkeit ist sicherlich auch symbolisch zu verstehen – übersieht man doch allzu leicht das Leid und die Gräueltaten in fernen Ländern. Dabei gedenkt jeder der Findlinge einem anderen Krieg, und eine installierte Bronzeplatte listet die nüchternen Fakten wie Kriegsdauer und Opferzahlen auf.

Adresse Hatzper Straße Höhe Kirschbaumsweg, 45149 Essen-Haarzopf | **EVAG** Bus 145, 194, Haltestelle Erbach | **Tipp** Der Bürgerverein Essen Haarzopf/Fulerum e. V. hat einen Schilderrundweg durch beide Stadtteile installiert, der auf circa zehn Kilometern Länge an bedeutende historische Gehöfte führt und Einblicke in die Stadtteilgeschichte gibt.

31 Das Genealogiemuseum
Ahnenforschung für jedermann

Begibt man sich auf familiäre Spurensuche, dient ein Stammbaum zunächst als erste Bezugsquelle. Doch was, wenn dieser große Lücken aufweist? Wie und wo lässt sich noch mehr über seine Vorfahren und deren Geschichte herausfinden? Für solche und noch mehr Fragen rund um die Ahnenforschung gibt es seit 2012 eine professionelle Anlaufstelle, die zu diesem Zweig der Geschichtsforschung Antworten bietet – das Genealogiemuseum in Überruhr. Interessierte Laienforscher finden dort wertvolle Tipps und erste Ansatzpunkte zur Erstellung einer eigenen Familienchronik. Angefangen von der Quellenbeschaffung bis hin zur sinnvollen Aufbereitung der Ergebnisse erhalten sie umfassende Einblicke und einen fachgerechten Zugang zur Materie.

Doch auch professionelle Genealogen kommen in den Museumsräumlichkeiten auf ihre Kosten. Der Kurator selbst ist ein Experte im Bereich der Ahnenforschung, berät mit seiner über 30-jährigen Erfahrung bei der Erstellung wissenschaftlicher Arbeiten und hilft bei deren Veröffentlichung.

Neben der aktiven Forschung bietet das Genealogiemuseum natürlich auch eine Ausstellungsfläche, die sich in drei große Abteilungen untergliedert. Die erste befasst sich mit den Darstellungsmöglichkeiten genealogischer Forschung und zeigt verschiedene Ahnentafeln und Stammbäume, unter anderem den der Habsburger. Der zweite Bereich behandelt die unterschiedlichen Quellengruppen wie Kirchenbücher, Standesamtsregister, Familienpapiere und mittelalterliche Urkunden. Auch gegenständliche Quellen wie ein alter Grabstein, Fotografien und Sippentafeln sind zu sehen. Mit der Einbettung der Genealogie in andere historische Hilfswissenschaften wie die Paläografie, die Onomastik oder die Heraldik befasst sich der dritte Teil der Ausstellung. Eine Bibliothek mit einem umfangreichen Archiv von Kirchenbüchern und vollständigen Nachlässen rundet das Angebot ab.

Adresse Kevelohstraße 41c, 45277 Essen-Überruhr-Hinsel, www.genealogiemuseum.de | **EVAG** Bus 166, Haltestelle Schulte-Hinsel-Straße | **Öffnungszeiten** nach Vereinbarung unter sandor.krause@gmx.de | **Tipp** An der Langenberger Straße in Kupferdreh befindet sich in der ehemaligen Hinsbeckschule das Mineralien-Museum. Allein das historische und unter Denkmalschutz stehende Gebäude ist schon sehenswert.

32 Die Geologische Wand
Von der »Bochumer Schicht« im Essener Fels

Hier ist man dem ursprünglichen Bergbau wohl so nah wie sonst nirgends in Essen. Zwei Stollenmundlöcher, die in den Fels führen, ein Kreiselkipper und Loren, die davor abgestellt wurden, als sei soeben erst Schichtende gewesen. Der Anblick, der sich einem hier bietet, ist zwar inszeniert, aber dennoch echt. Denn bei den Mundlöchern handelt es sich nicht etwa um museale Attrappen, sie dienten tatsächlich als Zugänge hiesiger Bergwerke. Sowohl die Kleinzeche Wasserschneppe als auch die Zeche Voßhege betrieben hier seit dem frühen 18. Jahrhundert Bergbau. Durch diverse Konsolidierungen waren die hiesigen Grubenfelder trotz steigender Industrialisierung sogar noch bis in die 1870er Jahre wirtschaftlich. Und als nach dem Zweiten Weltkrieg der Bedarf an Brennstoffen und Heizkohle stieg, nahm man den Betrieb sogar wieder auf und förderte mit 115 Bergleuten bis zu 15.000 Tonnen Kohle pro Jahr. Das endgültige Aus kam dann jedoch 1952. Die Stollen sind mittlerweile in etwa fünf Metern Tiefe zugemauert und ihre Mundlöcher mit Gittern abgesichert.

Doch auf dem Areal, das als »Geologische Wand Kampmannbrücke« bezeichnet wird und als Naturdenkmal gilt, gibt es mehr zu sehen als die von Menschen geschaffenen Bergbaurelikte. An den Felskanten treten geologische Verwerfungen zutage und machen den typischen Ablagerungswechsel von Flözen und Gesteinsschichten sichtbar. Deutlich ist der untere Teil der »Bochumer Schicht« zu erkennen. Da das Ruhrmuseum die Wand betreut, wurden drei Informationstafeln installiert, die näher auf die geologische Situation eingehen.

Zudem bildet die Gesteinswand den Ausgangspunkt eines geologischen Wanderwegs entlang des Baldeneysees. Über zehn Kilometer führt er vorbei an Sutanüberschiebungen und Steinbrüchen und endet schließlich am Pastoratsberg in Werden. Mit der »Weißen Flotte« kommt man über den See direkt wieder zurück.

Adresse Stauseebogen, 45259 Essen-Heisingen, parken am Holsteinanger Höhe Schmiedekottenweg | **EVAG** Bus 155, Haltestelle Kampmannbrücke | **Tipp** Am Holsteinanger befindet sich das Haus Heisingen. Die Bausubstanz des ehemaligen Rittergutes reicht teilweise bis ins 12. Jahrhundert zurück.

33 Die Gotheschule
Aus zwei mach eins

Zunächst ist es der Turm, der schon von Weitem ins Auge springt und so das Bredeneyer Stadtbild mitprägt. Auch wenn er mit seiner großen Uhr an ein Verwaltungsgebäude erinnert – das heutige Goethegymnasium war schon immer eine Lehrstätte. Nach nur 16 Monaten Bauzeit eröffnete man 1913 den nach Entwürfen der Architekten Hans Tietmann, Karl Wolff, Laurenz Lander und Otto Herold gestalteten Bau. Vor allem die Kombination von traditioneller Formgebung und künstlerischen Akzenten lässt ihn aus dem typisch preußischen Schulbaustil hervorstechen.

Dabei überzeugt sowohl der Außen- wie auch der Innenbereich. Eine Wandelhalle mit Zierbrunnen und die langen Flure, die aufwendig mit Keramikfliesen verkleidet wurden, schufen eine ideale Atmosphäre zum Lernen. Der Reformstil findet sich auch in der Außenfassade wieder: Der Sockel ist aus Basaltlava, für die bildhauerischen Elemente und das Eingangsportal nutzte man Muschelkalk, und Tuffstein verarbeitete man in den Gesimsen. Dem eindrucksvollen Schulgebäude wurde zudem ein ebenso prachtvolles Direktorenwohnhaus zur Seite gestellt, welches auch heute noch steht.

Das Goethegymnasium entwickelte sich aus zwei schulischen Wurzeln. Die erste war die Bredeneyer Anstalt: ein Realgymnasium, für das der heutige Prunkbau konzipiert wurde. Die zweite war das Rüttenscheider Goethegymnasium, das bereits seit 1899 existierte und sich zunächst an der heutigen Ecke Alfredstraße / Krawehlstraße befand. Nach dessen Zerstörung im Zweiten Weltkrieg schlossen sich beide Institutionen zusammen. In seiner heutigen Struktur besteht das Gymnasium seit 1950.

Zu der historischen Ansicht gesellt sich seit ein paar Jahren auf dem begrünten Vorplatz ein ansehnlicher Kontrast. Die Abschlussstufen des Gymnasiums setzen sich alljährlich ein individuelles bauliches Denkmal, welches das jeweilige Motto des Abiturjahrgangs wiedergibt.

Adresse Ruschenstraße 1, 45133 Essen-Bredeney | **EVAG** STR 101, 107, Haltestelle Bredeney | **Tipp** Folgt man an der südlichen Gebäudeseite dem Walter-Sachsse-Weg, stößt man auf den alten Bredeneyer Wasserturm. Er wurde zu einer spektakulären Wohneinheit ausgebaut.

34 Die Günni-Semmler-Statue

Zu Ehren eines Essener Originals

Ein Zylinder, eine schief sitzende Brille, eine rauchige Stimme und ein Akkordeon – das waren die Markenzeichen von Günther »Günni« Semmler. Das Essener Urgestein lebte jahrelang als Obdachloser, verdingte sich als Straßenmusiker und erlangte Kultstatus.

Viel ist nicht bekannt über den Werdegang des Musikers: Geboren wurde er 1931 in Essen. Durch eine Scheidung und die folgenden Unterhaltsforderungen landete er wohl auf der Straße, wo er über 15 Jahre lebte. Doch er war nicht kleinzukriegen, schaffte es schließlich wieder, ein eigenes 15-Quadratmeter-Appartement zu beziehen. In diesem verstarb er mit 73 Jahren im September 2004. Doch in den Köpfen der Menschen blieb er präsent. Kein Geringerer als Musiker Stefan Stoppok, der mit ihm bereits ein Lied produziert und Semmler mit auf die Bühnen der Stadt genommen hatte, spielte ein Benefizkonzert in der Kultkneipe Ampütte, um für Semmlers Beerdigung zu sammeln. Die Ampütte selbst war auch eine der regelmäßigen Anlaufstellen des Quetschkommodenspielers bei dessen nächtlichen Streifzügen durch die Kneipenszene. Aber Günni Semmler zog es auch immer wieder ins Südviertel – in die Bars, Cafés und Kneipen rund um den heutigen Isenbergplatz.

Der Platz entstand in den 1970er Jahren, als man auf Höhe Isenbergstraße und Rellinghauser Straße einen verkehrsberuhigten Bereich mit Spielplatz schuf. Gastronomie siedelte sich an, und mittlerweile gelten die Straßenzüge unter den Nachtgängern als Szeneviertel. Hier verkehrte also auch Günni Semmler regelmäßig. Mit Texten über das aktuelle Zeitgeschehen, spontanen Liedversen und alltäglichen Erlebnissen sang er sich in die Herzen der Bevölkerung.

Nach seinem Tod kam schnell der Wunsch auf, ihm am Ort seines Wirkens ein Denkmal zu setzen. 2007 enthüllte man schließlich seine Bronzestatue direkt vor dem Café »Click« am Isenbergplatz.

Adresse Isenbergplatz, 45128 Essen-Südviertel | **EVAG** Bus 105, 106, Haltestelle Moltkestraße | **Tipp** Die zahlreichen Cafés und Kneipen rund um den Isenbergplatz laden zum Verweilen ein.

35 Der Gußmannplatz
Der Rest vom Altenhof

Früher stellte der Gußmannplatz den Eingangsbereich zur Siedlung »Altenhof« dar. Er war ein kleiner Vorhof, den man von Westen, also von der Rüttenscheider Straße aus, betreten und Richtung Osten passieren musste, um in die Kolonie zu gelangen. Im Norden und Süden begrenzten kleine, symmetrisch angelegte Häuser im Cottagestil den Platz.

Viel hat sich seit damals nicht geändert. Die West-Ost-Achse, die auf die evangelische Kirche in der Siedlung ausgerichtet war, dient nun als Straße. Und auch die Häuser an der Nord- und Südseite stehen und verzücken noch immer. Lediglich ein Gebäude, das sich am östlichen Rand des Platzes befand, hat den Zweiten Weltkrieg nicht überstanden. Die »Altenhof«-Siedlung selbst fiel zwar nicht dem Krieg, aber dem Neubau des heutigen Alfried Krupp Krankenhauses zum Opfer. Bis auf die sogenannten Pfründnerhäuser, eine Kapelle und drei Siedlungshäuser am Hundackerweg bilden der Gußmannplatz und seine Gebäude die letzten Überbleibsel der Siedlung. Diese hatte Friedrich Alfred Krupp ab 1893 realisiert, um ehemaligen und invaliden Arbeitern seiner Fabrik einen angenehmen Lebensabend zu ermöglichen – im »Altenhof« durften sie kostenlos wohnen. Da dieses revolutionäre und soziale Konzept erfolgreich war, errichtete man ab 1907 mit dem »Altenhof II« eine weitere Siedlung zum Wohle alternder Beschäftigter. Sie ist noch komplett erhalten und steht unter Denkmalschutz.

In der ersten Siedlung, deren Tor der Gußmannplatz darstellte, baute man unter der Federführung des Architekten Robert Schmohl nicht nur 607 Wohnungen, man bot den Bewohnern mit einer Bücherhalle, einer Badeanstalt, zwei Kirchen, einer Korbflechterei und vielem mehr auch eine mannigfaltige Infrastruktur.

Leider ging diese vielfältige Bebauung verloren, sodass der Gußmannplatz als Relikt nur noch ansatzweise erahnen lässt, wie schön es sich im »Altenhof« leben ließ.

Adresse Gußmannplatz, 45131 Essen-Rüttenscheid | EVAG STR 107, 108, Haltestelle Florastraße | **Tipp** Direkt am Gußmannplatz in der Rüttenscheider Straße befindet sich mit »Möhrchens Eis« eine der beliebtesten Eisdielen Essens.

36 Der Halbachhammer
Eigentlich ein Siegener Denkmal

Der Halbachhammer stellt zwar ein wunderschönes Bau- und Technikdenkmal dar, aber mit der Geschichte der Stadt Essen hat er nur am Rande zu tun. Denn ursprünglich lag der Betrieb in Weidenau an der Sieg und gehörte dort zu der Fickynhütte, die bereits seit 1417 Eisenerze verarbeitete. Der Betrieb galt mit einer Produktion von bis zu 240 Tonnen Stabeisen im Jahr als der leistungsfähigste Hammer des Siegerlandes. Doch im Jahr 1900 legte man ihn aus wirtschaftlichen Gründen als letzten seiner Art schließlich still. Die Idee, ihn zu erhalten und auf der Industrieausstellung in Düsseldorf 1914 zu präsentieren, scheiterte zunächst, da durch den Beginn des Ersten Weltkriegs die Veranstaltung nicht realisiert werden konnte. Da das Gebäude jedoch bereits fachmännisch zerlegt und für den Transport vorbereitet war, kaufte Gustav Krupp von Bohlen und Halbach kurzerhand das Hammerwerk.

Zwischen 1935 und 1936 ließ er es dann zu Anschauungszwecken im Nachtigallental in direkter Nähe zur Margarethenhöhe betriebsfertig wieder zusammensetzen. Er benannte den Hammer um und stiftete ihn der Stadt und ihren Bewohnern. Seitdem läuft er im Museumsbetrieb. Durch das Aufstauen des Kesselbachs zu einem Teich und die so nutzbare Wasserkraft ist selbst der 300 Kilogramm schwere Hammerkopf wieder funktionstüchtig. Doch die technische Besonderheit des Baudenkmals liegt in seiner vorindustriellen Pionierleistung. Denn als sogenannte »Hammerhütte« vereinte es den Verhüttungs- und Schmiedeprozess unter einem Dach und konnte so effektiver Stahl erzeugen.

1993 stellte man den Halbachhammer unter Denkmalschutz. Bis 1998 wurden dann umfassende Restaurierungen des in die Jahre gekommenen Gemäuers vorgenommen, sodass es mittlerweile wieder ein museales Glanzstück ist. Zwischen April und November finden einmal monatlich Vorführungen des Hammerbetriebes statt. Betreut wird das Denkmal dabei vom Ruhr Museum.

Adresse Altenau 12, 45149 Essen-Fulerum, www.ruhrmuseum.de/aussenstellen/halbachhammer | **EVAG** U17, Haltestelle Margarethenhöhe | **Öffnungszeiten** April–Nov. 1. So im Monat, für die buchbaren Führungen Homepage beachten | **Tipp** Am Kesselbach führt ein Rad- und Fußweg entlang. Richtung Norden stößt man auf den Borbecker Mühlenbach und eine naturnah gestaltete Auenlandschaft.

37 _ Der Hauxplatz
Erinnerung an Margarethe Krupp

Die Entstehungsgeschichte der Margarethenhöhe ist hinlänglich bekannt: Anlässlich der Hochzeit ihrer Tochter Bertha mit Gustav von Bohlen und Halbach im Jahre 1906 gründete Margarethe Krupp die nach ihr benannte Stiftung, die von 1908 bis 1938 die erste deutsche Gartenstadt verwirklichte. Die letzten Bauabschnitte erlebte die Stiftungsgründerin jedoch nicht mehr, da sie im Februar 1931 verstarb.

Sinnbildlich für ihr Schaffen fertigte der Bildhauer Joseph Enseling, von dem schon der Schatzgräberbrunnen auf dem Marktplatz der Siedlung stammte, die Skulptur »Die Säerin«. 1935 wurde die Saatgut auswerfende Frauenfigur aus Stein auf dem Hauxplatz der Margarethenhöhe feierlich eingeweiht. Die Inschrift am kleinen Sockel lautet »Zur Erinnerung an die hochherzige Stifterin der Margarethenhöhe Frau F. A. Krupp«, wobei »F. A.« die Vornamensinitialen ihres Mannes Friedrich Alfred sind. Dessen Testamentsvollstrecker hieß Ernst Theodor Haux, stand bereits seit 1896 im Dienste Krupps und war ein enger Vertrauter des Unternehmers. Haux setzte sich als Stadtverordneter intensiv für die Belange der Margarethe-Krupp-Stiftung ein. Für diese Verdienste ehrte man ihn, indem man den Platz nach ihm benannte.

Doch neben all den historischen Anekdoten, die mit dem Hauxplatz verbunden sind, strahlt er vor allem die Schönheit aus, für die die Margarethenhöhe bekannt ist. Flankiert von den typischen Gartenstadthäusern bildet er mit seiner Wiesenfläche und der hölzernen Brücke einen ganz besonders idyllischen Rückzugsraum. Ob man einfach nur flaniert, auf den Bänken die Blicke schweifen lässt oder sich auf dem neu geschaffenen Bouleplatz sportlich betätigt – der Hauxplatz bietet verschiedenste Möglichkeiten der Erholung. Für Kinder ist auch ein Spielplatz vorhanden. Und selbst die Schule an der Waldlehne fügt sich harmonisch in das Gesamtensemble.

Adresse Hauxplatz, 45149 Essen-Margarethenhöhe | **EVAG** U17, Haltestelle Margarethenhöhe | **Tipp** Hinter der »Waldlehne« erstreckt sich ein kleines Waldgebiet. Dort gibt es auch einen Zugang zum Grugapark.

38 Die Heisinger Ruhraue
Die Rote Mühle und das Naturschutzgebiet

Es ist eine Idylle, die ihresgleichen sucht. Nahezu unberührt wirkt die Landschaft entlang der Ruhr zwischen Rellinghauser Konrad-Adenauer-Brücke und der Kampmannbrücke in Heisingen. Die Aue umfasst ein Gebiet von über 150 Hektar und ist Wildnis pur. Zu Recht stufte man sie als Naturschutzgebiet ein. Ihre Nasswiesen, die vielen Teiche und der Altarm der Ruhr bilden eine ideale Heimat für verschiedene Amphibien und diverse Libellenarten wie das Kleine Granatauge, die Südliche Binsenjungfer und die Pokal-Azurjungfer. Die Ruhraue ist nicht nur Brutstätte für seltene Vögel wie etwa den Zwergsäger, auch Großvögel wie beispielsweise die Kanadagans stoppen immer wieder auf ihren langen Reisen im Heisinger Naturrefugium. Das Biotop gehört zu den landesweit bedeutsamen Überwinterungs- und Raststätten für Wasser- und Wattvögel.

Mitten durch dieses tierische Rückzugsgebiet schlängelt sich ein Rad- und Fußweg, der es auch für den Menschen erfahrbar macht. Selbst in dieser Naturidylle stößt man auf von Menschenhand geschaffene Bauwerke. Zum einen auf die kleine Brücke, die den Altarm der Ruhr überbrückt und sich harmonisch in die Landschaft einfügt. Zum anderen auf die historische »Rote Mühle«. Die ehemalige Schleifmühle wurde bereits 1752 erbaut und diente zunächst zur Herstellung von Gewehrläufen, dann jedoch zum Kornmahlen. 1774 setzte Freiherr von Schell eine Schleuse neben das Gebäude, um die frühe Ruhrschifffahrt zu unterstützen. Erst durch den Bau des Baldeneysees wurde sie überflüssig. Zwar sind die alten Schleusentore 1964 entfernt worden, aber die ursprüngliche Schleusenkammer blieb erhalten. Auch das Mühlenhaus besteht in seiner alten Form noch. Der ihm angegliederte Biergarten lädt zur Rast nach einem Spaziergang durch die Ruhraue ein und bildet ein beliebtes Ausflugsziel für viele Radwanderer.

In den Abendstunden erblickt man dann auch die unzähligen heimischen Fledermäuse.

Adresse Rotemühle, 45259 Essen-Heisingen | **EVAG** Bus 154, 155, 172, Haltestelle Rote Mühle | **Tipp** In Heisingen liegt die alte Zechenkolonie »Carl Funke« mit wunderschönen Häusern. Ein Besuch lohnt.

39 Himmel und Hölle
Am schönsten Platz auf Erden ...

Die Hölle auf Erden liegt in Essen-Werden? Leider ist dem so. Doch ganz so sinnbildlich darf man das dann doch nicht verstehen, daher sei hier direkt klargestellt: Der gemütliche Stadtteil direkt an der Ruhr ist wunderschön, und die Hölle, die sich hier findet, nimmt nur einen kleinen Platz Werdens ein, nämlich geschätzte 100 Quadratmeter. Denn »Hölle« heißt lediglich eine kleine Straße, die die beiden Hauptverkehrsadern Abteistraße und Brückstraße miteinander verbindet, wobei selbst der Begriff »Straße« für diesen kleinen Durchgang zwischen zwei Toreinfahrten übertrieben scheint. Das Wort selbst hat keinen teuflischen Ursprung, sondern stammt von »Helle«, was auf ein vertieftes Gelände hinweist.

Himmlisch wird es, durchschreitet man die »Hölle« und betritt die Grafenstraße – himmlisch schon allein wegen des historischen Flairs der von Fachwerken und Schindelhäusern beherrschten Altstadt. Doch spätestens an der Hausnummer 49 hat man es dann auch schriftlich. Das im 18. Jahrhundert erbaute Gebäude weist sich laut altem Bronzeschild als »Der Himmel« aus. Es gehörte einst der angesehenen Werdener Familie Funcke, in die der letzte abteiliche Kanzleidirektor Johann Everhard Dingerkus 1754 einheiratete. Er ließ das einfache Fachwerkhaus 1770 zwar durch eine Steinfassade aufwerten, weigerte sich aber dennoch, seine Dienstwohnung neben der Basilika St. Ludgerus zu verlassen – selbst als die Abtei 1803 aufgelöst wurde. Erst 1811, mit bereits 86 Jahren, zog er schließlich widerwillig um und verbrachte seine letzten Jahre im »Himmel« in der Grafenstraße.

Wie es zu der Namensgebung des Hauses kam, ist nicht überliefert, aber noch heute besticht das Gebäude durch seinen klassizistischen Stil und trägt zur Atmosphäre der Werdener Altstadt bei. Direkt an der Ruhr gelegen, hat sie sich ihren dörflichen Charakter bewahrt. Trotz Präsenz der »Hölle« bleibt somit weiterhin wahr: Der schönste Platz auf Erden ist in Essen-Werden.

Adresse Hölle und Grafenstraße 49, 45239 Essen-Werden | **EVAG** Bus 169, 180, Haltestelle Werden Brücke oder Bus 169, 190, Haltestelle Werdener Markt | **Tipp** Die Werdener Altstadt ist voll historischer Gebäude mit bedeutenden Geschichten, deren Entdeckung lohnt. Zum Beispiel das ehemalige evangelische Pastoratshaus von 1636 (Grafenstraße) oder das Bürgermeisterhaus von 1833 (Heckstraße 105).

40 Die Hindenburger Heimatsammlung

Eine polnische Stadt stellt sich vor

Erst seit 2015 gilt die Städtepartnerschaft zwischen Essen und dem polnischen Zabrze als offiziell besiegelt. Doch ein enger Austausch beider Gemeinden besteht schon länger. Das freundschaftliche Verhältnis begann bereits 1953, als Essen eine erste Patenschaft übernahm und Kontakt zu den hier lebenden Oberschlesiern suchte. Deren Heimat gilt als ein Zentrum des polnischen Steinkohlenbergbaus. Dabei wechselte Zabrze im Laufe seiner ereignisreichen Geschichte öfters den Städtenamen und hieß für einige Zeit »Hindenburg OS« (OS steht für Oberschlesien).

Bei der Hindenburger Heimatsammlung dreht sich alles um diese polnische Bergarbeiterstadt. Untergebracht ist die Ausstellung im »Haus der Essener Stadtgeschichte« in der ehemaligen Luisenschule. Präsentiert werden neben alten Fotografien, Archivalien, einer wertvollen Postkartensammlung und Dokumenten auch Bergbauobjekte wie Grubenlampen und Arbeitsbekleidung. Zusammengetragen wurden die originalen Exponate dabei zum Teil von den Heimatvertriebenen selbst, die bedingt durch den Krieg und die Besetzung Hindenburgs durch die Rote Armee im Ruhrgebiet ein neues Zuhause fanden. Für sie ist die Sammlung ein Ort der Erinnerung.

Fachlich und didaktisch gut aufbereitet, richtet sich das museale Angebot aber selbstverständlich auch an alle historisch Interessierten. Als Teil der deutschen Geschichte werden die Beziehungen beider Länder anhand historischer Dokumente, die bis in die preußische Zeit zurückreichen, erfahrbar. Ein kleines Archiv und eine Zeitungs- und Büchersammlung komplettieren das Angebot. Die Hindenburger Heimatsammlung steht unter dem Titel »Hindenburg OS gestern – Zabrze heute«. Sie zählt zu den besten ihrer Art in Nordrhein-Westfalen und gilt als einzigartig in der Bundesrepublik.

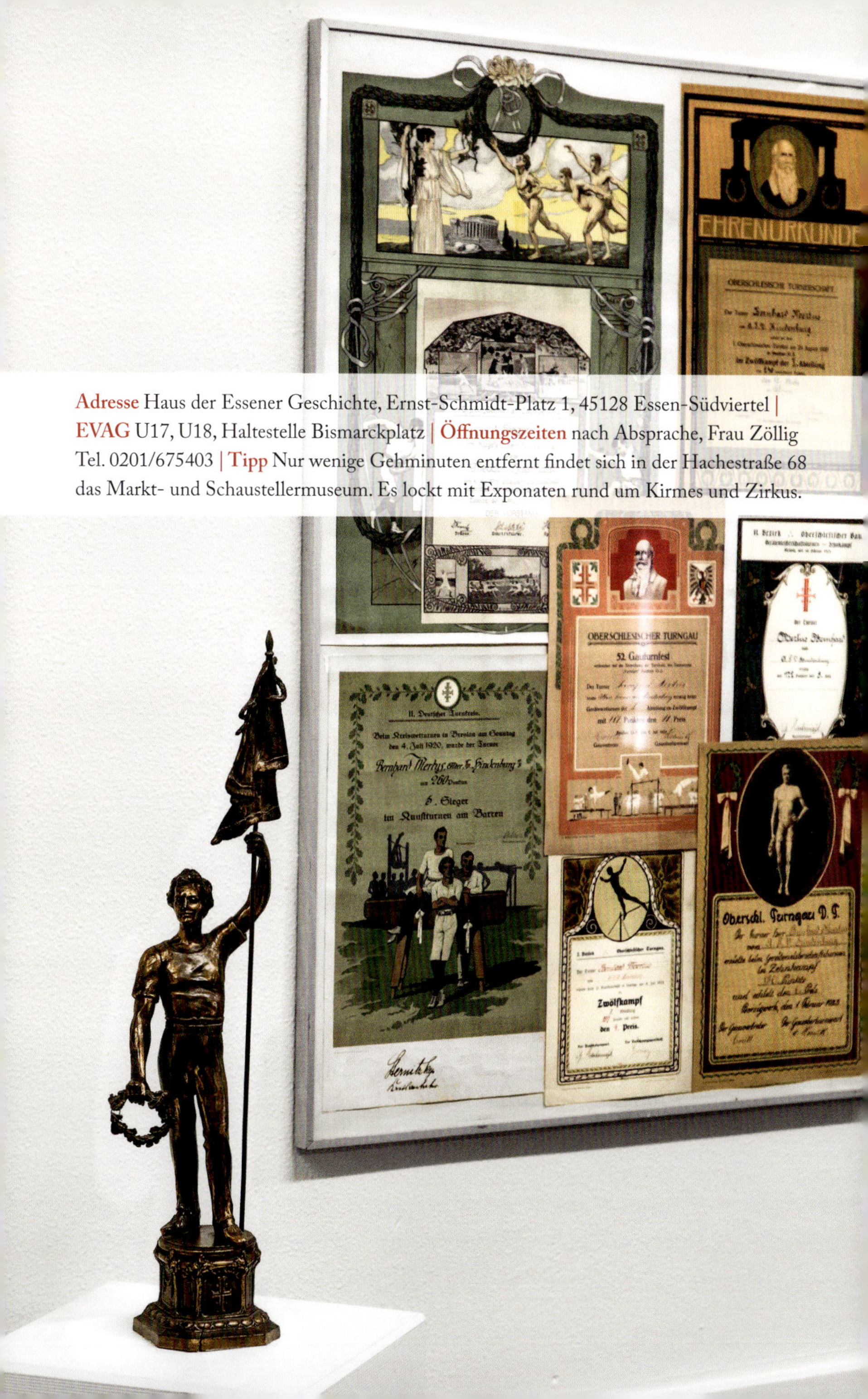

Adresse Haus der Essener Geschichte, Ernst-Schmidt-Platz 1, 45128 Essen-Südviertel | **EVAG** U17, U18, Haltestelle Bismarckplatz | **Öffnungszeiten** nach Absprache, Frau Zöllig Tel. 0201/675403 | **Tipp** Nur wenige Gehminuten entfernt findet sich in der Hachestraße 68 das Markt- und Schaustellermuseum. Es lockt mit Exponaten rund um Kirmes und Zirkus.

41 _ Die Hirtenkapelle
Das Gotteshaus, der Schäfer und der Bunker

Seitdem die kleine Kapelle in der Münstermannstraße 2008 durch den Heimatverein aufwendig renoviert wurde, strahlt sie wieder wie aus dem Ei gepellt. Dennoch sieht man ihr an, dass sie schon einige Jahre auf dem Buckel hat. Denn schon 1784, so die Balkeninschrift, erbaute man die Hirtenkapelle im spätbarocken Stil. Zu jener Zeit war Gerschede noch eine kleine Bauerschaft. Nur ein paar wenige Höfe standen mitten in der Landschaft; man lebte von Ackerbau und Viehzucht.

Zwar prägt nun auch Wohnbebauung den Stadtteil, aber von der ländlichen Idylle wurde noch viel bewahrt. Nur wenige Meter von der Hirtenkapelle die Gerscheder Straße hinein führt ein Fußweg den Woltersberg hoch. Die Grünanlage bietet nicht nur einen Ausblick auf das Emschertal, sie birgt auch ein Geheimnis. Unter der Hügelfläche befand sich nämlich ein Bunker. Gebaut wurde er im Dezember 1943 und konnte bis zu 5.000 Menschen beherbergen. In den Nachkriegsjahren nutzte man die unterirdischen Gänge zur Champignonzucht, doch mittlerweile wurden sie komplett verfüllt. Das Gelände selbst gehörte mal zu einer Ziegelei, über die leider wenig überliefert ist.

Allerdings gibt es zur Hirtenkapelle eine Überlieferung. Der Legende nach versuchte ein Hirte vergeblich, seine Schafe vor einem hereinbrechenden Gewitter in den Stall zu treiben. Doch sosehr er sich auch bemühte, die Tiere bockten und sammelten sich trotz Sichtweite zum schützenden Hof lieber unter einer Baumgruppe. Kurz darauf schlug ein Blitz in den Stall ein und ließ ihn niederbrennen. Aus Dankbarkeit errichtete der Schäfer unter ebenjener Baumgruppe die Kapelle. In Wahrheit war es wohl eher so, dass man sie aus Dankbarkeit für die Genesung nach schwerer Krankheit erbaute.

Nun gilt die Hirtenkapelle als kleinstes Gotteshaus der Stadt. Bei Marienprozessionen spricht man noch heute hier den Segen.

Adresse Münstermannstraße Ecke Gerscheder Straße, 45357 Essen-Gerschede | **EVAG** STR 103, Haltestelle Münstermannstraße | **Tipp** Jenseits der beiden Bahnlinien findet sich an der Levinstraße 105 die historische »Glückauf-Apotheke«. Das Wohn- und Geschäftshaus stammt aus dem Jahre 1903.

42 Die Historische Sammlung der Ruhrwasserwirtschaft

Pionier der Klärwerkstechnik

Dieses Gelände hat historische Bedeutung. Denn mit der 1925 hier eröffneten Belebungsanlage leistete das Klärwerk Rellinghausen Pionierarbeit. Als erster Betrieb auf dem europäischen Festland nutzte es die revolutionäre Technik der biologischen Wasseraufbereitung durch Bakterien – das sogenannte Belebtschlammverfahren. Noch heute stellt es einen gängigen und wichtigen Prozess während der Wasserklärung dar. Betrieben wurde das damalige Klärwerk vom Ruhrverband, der bereits 1913 im Zuge des erlassenen »Ruhrreinhaltungsgesetzes« gebildet wurde. Er betreut nun auch die »Historische Sammlung der Ruhrwasserwirtschaft«, die sich in der alten Gasübernahmestation der Stadtwerke direkt neben dem Klärwerk niedergelassen hat.

Doch es wird nicht nur die hiesige Klärwerksgeschichte vermittelt, die gesamte Entwicklung der Ruhr zur Lebensader der Region wird dargestellt. Zahlreiche Fotografien belegen, wie der Ruhrverband aus einem stark mit Abwässern und Industriestoffen belasteten Fluss wieder ein sauberes Nutzgewässer schuf. Denn mittlerweile gilt die Ruhr als sauberster Industriefluss Europas.

Anhand originaler Dokumente und zeitgeschichtlicher Exponate, die die Bilder und Texttafeln ergänzen, führt die Sammlung durch die Geschichte der Wasserwirtschaft – von der Entstehung des Ruhrverbands über den Bau der ersten Kanalisation und die Errichtung von Klärwerken und Stauseen bis hin zu modernen Gewässeranalyseverfahren und der Stromerzeugung aus Wasserkraft. Zur Weiterbildung dient eine historische Bibliothek, die aus dem Privatbestand von Professor Karl Imhoff, dem Gründer des Ruhrverbands, stammt. Zudem lädt ein Seminarraum zum fachlichen Austausch ein, und digitale Medien wie Filme gewähren weitere Einblicke in die Welt des Wassers.

Adresse St. Annental 50, 45134 Essen-Rellinghausen | **EVAG** STR 105, Haltestelle Schnabelstraße, oder Bus 142, 155, 156, Haltestelle Annental | **Öffnungszeiten** Do 15–17 Uhr, Gruppen nach Vereinbarung unter Tel. 0201/1781160 | **Tipp** Neben der Historischen Sammlung steht die St.-Annen-Kapelle aus dem Jahre 1516. Alljährlich am 26. Juli findet dort das Rellinghauser Annenfest statt.

43 __ Der Hochzeitswald
Win-Win-Win im Kamptal

Über Schutzmaßnahmen für den alten Rotbuchenbestand im Naturschutzgebiet Kamptal hatte man sich schon lange Gedanken gemacht. Und auch die alljährliche Baumpflanzaktion existiert bereits seit 1990. Doch nicht zuletzt der Orkan Ela, der 2014 mit einem Schlag 20.000 Bäume auf Essener Stadtgebiet zerstörte, machte deutlich, dass die Aufforstung eines neuen Waldrandes, der als Windpuffer das Altholz schützen soll, notwendig war.

So kam man auf die Idee, das Ritual, zur Hochzeit einen eigenen Baum zu pflanzen, mit dem Naturschutz zu verbinden. Frischvermählte und die, die es bald sein wollen, können auf Antrag hier ihr eigenes Bäumchen setzen – eine Plakette mit Namen und Hochzeitstag bringt Gehölz und Ehepaar in Verbindung. Dabei entsteht eine Win-win-Situation mit gleich drei Nutznießern: Das Waldstück des Kamptals gewinnt an Fläche und erhält den nach Süden hin benötigten Windschutz. Die Stadt spart bei der Aufforstung Geld, da die Bäume durch das Brautpaar subventioniert werden. Und Letztere gewinnen eine naturnahe Erinnerung an den schönsten Tag ihres Lebens.

Weitere Profiteure dieser Pflanzung sind die Tiere. Das Kamptal ist als Naturschutzgebiet ausgewiesen, einige auf der Roten Liste stehende Arten, wie etwa der Gimpel oder die Rauhautfledermaus, leben hier. Sie benötigen die durch den Hochzeitswald geschützten Althölzer als Lebensraum.

Zum Nordosten hin schließt sich dem Kamptal der Schönebecker Terrassenfriedhof an. Schon seine Hanglage macht ihn besonders. Auch wegen der knapp 1.700 Gräber der Kriegsgefangenen und Zwangsarbeiter des Zweiten Weltkriegs und der großen Trauerhalle lohnt der Rundgang über das 28 Hektar große Areal.

Im Hochzeitswald wird ebenfalls der Verstorbenen gedacht: Auch ihnen kann ein Baum gewidmet werden. Zudem gibt es Pflanzungen zu Geburten, Silber- oder Goldhochzeiten und für Familienjubiläen. Der Begriff »Hochzeitswald« wird nicht so eng gesehen.

Adresse Heißener Straße Ecke Brausewindhang, 45359 Essen-Schönebeck | **EVAG** Bus 186, Haltestelle Schönebecker Straße | **Tipp** An der Frintroper Straße 3a steht noch ein alter Hochbunker von 1940. Erst 2014 stellte man ihn unter Denkmalschutz.

44 — Die Hülsenhaine
Hollywood in Heisingen

»Ilex aquifolium« ist der wissenschaftliche Name der Europäischen Stechpalme. Als Trivialname wird in Deutschland jedoch mitunter auch »Hülse« genutzt, und schon ahnt man, welche Pflanzenart hier dominiert – die Hülsenhaine sind Stechpalmenwälder. Die Sträucher können bis zu fünf Meter hoch werden und fühlen sich mitten im Schellenberger Wald offenbar äußerst wohl. Über ganze 45 Hektar erstreckt sich das Areal und umfasst somit einen Großteil des Schellenberger Waldes, der nördlich der Heisinger Straße liegt. Für den Sonnenschutz der schattenliebenden Stechpalmen sorgt der alte Buchen- und Eichenbestand.

Da die Hülse immergrün ist, bietet sie selbst im Winter einen idealen Unterschlupf und wird ganzjährig als Brutstätte von heimischen Vogelarten genutzt. Ihre knallroten, für den Menschen giftigen Früchte reifen ab Oktober und stellen in den kalten Monaten eine wichtige Nahrungsgrundlage dar. Entsprechend sammelt sich im Stechpalmenwald eine artenreiche Fauna. Von Feuersalamander bis Specht sind viele schützenswerte Vogel-, Käfer- und Wildtierarten anzutreffen. Nicht zuletzt wegen der zahlreichen auf der Roten Liste stehenden Tiere, aber auch weil die Europäische Stechpalme selbst zu den gefährdeten Arten zählt, handelt es sich bei den Hülsenhainen um ein ausgewiesenes Natur- und Vogelschutzgebiet. Der Besuch des Biotops ist daher nur auf den Wegen gestattet, bietet jedoch ein einmaliges Naturerlebnis. Als Schutzziel hat das entsprechende Landesamt nicht nur den Erhalt des hohen Hülsenvorkommens ausgesprochen, sondern auch den Erhalt der besonderen Eigenart und Schönheit des Stechpalmenwaldes.

Stechpalmenwald heißt auf Englisch übrigens »Hollywood« und war auch Namenspate für den berühmten Stadtteil von Los Angeles. Trifft man im Heisinger »Hollywood« jedoch auf einen Star, wird es sich vermutlich um den Vogel handeln.

Adresse Heisinger Straße Höhe Uhlenstraße, 45259 Essen-Heisingen | **EVAG** Bus 145, 146, Haltestelle Uhlenstraße | **Tipp** Im Schellenberger Wald südlich der Heisinger Straße befindet sich die Korte Klippe. Von dort ergibt sich ein toller Blick auf den Baldeneysee.

45 Die Hundebrücke

Prinz Wilhelm und die älteste Bahnlinie des Ruhrgebiets

Zwar ist die Hundebrücke durch einen Spazierweg erschlossen, doch mit Vierbeinern, die hier Gassi gehen, hat die Namensgebung nichts zu tun. Ein Hund ist vielmehr ein kleiner Förderwagen, der zum Abtransport von Gesteinen und Kohlen dient. Eine aus solchen Wagen zusammengesetzte Lorenbahn führte einst über die Hundebrücke und eröffnete der hiesigen Industrie neue Wege.

Die Brücke verband nicht nur das nördliche und südliche Ufer des Deilbachs, auch die parallel verlaufende Bahnlinie wurde überbrückt. Diese ging aus der Deilthaler Eisenbahn hervor, die bereits 1828 von Friedrich Harkort gegründet wurde und somit zur ältesten Eisenbahn-Aktiengesellschaft auf deutschem Boden gehörte. Nach der offiziellen Einweihung durch Friedrich Wilhelm Karl von Preußen im Jahr 1831 nannte sie sich fortan »Prinz-Wilhelm-Eisenbahn«. Sie gilt als die älteste Bahnlinie des Ruhrgebiets, war jedoch bis zur Übernahme durch die Bergisch-Märkische-Eisenbahngesellschaft 1854 eine reine Pferdebahn. Über diese Bahntrasse führte man also 1880 die Hundebrücke. Dabei realisierte man den Teilabschnitt, der über den Bahngleisen liegt, nicht etwa aus Ruhrsandstein, wie den Rest der Dreibogenbrücke, sondern setzte Stahlfachwerk mit einem Gitterboden ein. So konnten die Hunde der Lorenbahn dort gekippt und ihre wertvolle Fracht in einen darunterstehenden Zug gefüllt werden.

Es waren vor allem zwei Industriebetriebe, die diese Umfüllstation nutzten. Nördlich des Deilbachs lag die Zeche Victoria, die hier Kohlen umschlug und deren als Denkmal geschütztes Betriebsgebäude noch heute nahe der Brücke steht. Von Süden brachte der Voßnacker Steinbruch, der auch Bauherr war, seine Fracht zur Hundebrücke.

Integriert in das Rad- und Fußwegenetz des Deilbachtals, gilt die Hundebrücke mittlerweile als älteste erhaltene Brückenkonstruktion aus der Zeit der Industrialisierung.

Adresse Voßnacker Weg Ecke Nierenhofer Straße, 45257 Essen-Kupferdreh | **EVAG** Bus 177, Haltestelle Dattenberg, oder Bus 331, Haltestelle Hattingen Tippelstraße | **Tipp** Die Hundebrücke ist Teil der Kulturlandschaft Deilbachtal. Von hier führt ein 5,5 Kilometer langer Rundweg zu historischen Baudenkmalen wie dem Kupferhammer und der Deiler Mühle.

46 Die Jugendhalle Schonnebeck

Ein Holzbau aus Köln

Zeitgenössische Architektur wollte man präsentieren, als man 1914 auf dem heutigen Gelände des Kölner Rheinparks die Werksbundausstellung eröffnete. Über 80 Gebäude namhafter Architekten und Künstler reihten sich dort am Rheinufer aneinander und lockten über eine Million Besucher an. Dann begann der Erste Weltkrieg, und man musste die Architekturausstellung vorzeitig schließen. Es war ein finanzielles Fiasko, zumal die meisten Musterhäuser wieder abgerissen wurden. Doch einer der Holzbauten erwies sich als flexibel und schaffte den Weg bis nach Essen.

Georg Metzendorf hatte die Schonnebecker Jugendhalle als transportablen Holzbau entworfen und in Köln vorgestellt. Sie war als kostengünstiger und variabler Saalbau für kleinere Dorfgemeinden konzipiert und vereinte in ihrer kompakten und zweckmäßigen Form Sporthalle, Veranstaltungsstätte und Theater. Die damalige Bürgermeisterei Stoppenberg erwarb die Halle 1915 für nur 25.000 Mark. Das passende Gelände für die Neuerrichtung steuerte die Zeche Zollverein bei. Sie überließ der Bürgermeisterei das Areal an der Saatbruchstraße als Entschädigung für entstandene Bergschäden.

Stoppenberg wollte mit der hölzernen Halle den Kindern und Jugendlichen eine Begegnungsstätte bieten. Vor allem in den kalten Wintermonaten fanden die Bergarbeiterkinder dort jenseits der beengten Wohnungen genug Raum zur spielerischen Entfaltung. Und eine solche Begegnungsstätte ist die Jugendhalle noch immer. Betrieben vom Essener Sportbund, der dort ein Café integrierte, verfügt sie über ein vielfältiges sportliches und kulturelles Angebot.

Das Gebäude gilt als baugeschichtliche Rarität, da sich Metzendorfs Entwurf mit einer damals nicht üblichen Bauweise auseinandersetzte. Und während sich die Werksbundausstellung für Köln nicht lohnte, erwies sie sich für Schonnebeck als echter Glücksgriff.

Adresse Saatbruchstraße 52, 45309 Essen-Schonnebeck | **EVAG** Bus 170, Haltestelle Karl-Meyer-Platz | **Tipp** In der Huestraße 89 befindet sich noch immer die erste Aldi-Filiale, von der aus die Brüder Albrecht ihr Discounter-Imperium aufbauten.

47 Der Kattenturm

Sagenumwoben – von Germanen, Katzen und Geschützen

Eigentlich gehörte die ansehnliche Ruine des alten Wohnturms zur Burg Luttelnau. Der Name Kattenturm setzte sich erst im Laufe des 19. Jahrhunderts durch, und noch immer ist nicht ganz geklärt, wie es zu der Benennung kam. Doch wenn man nach Erklärungen sucht, stößt man unweigerlich auf Sagen und Legenden. Und von denen gibt es zum Kattenturm genug.

Die erste berichtet von dem germanischen Stamm der »Katten«, der sich an den Ufern der Ruhr einst niederließ und dort einen erbitterten Kampf gegen die Römer führte. Zwar gewannen die Germanen die Schlacht, hatten aber selbst große Verluste hinnehmen müssen. Kriegsbeute und Gebeine der Gefallenen opferte man daher in einem Feuer den Göttern. Der Ort wurde dem Volk nun heilig; sie vergruben die Asche und türmten auf einer Ruhrinsel den Kattenhügel auf, auf dem die Burg entstand. Allerdings lebten die Katten eher im heutigen Hessen – und hießen eigentlich »Chatten«. Eine andere Sage berichtet wiederum, der Name leite sich von »Katze« ab. So erzählt die Legende, ein schwarzer Kater wache dort im Keller über einen goldenen Schatz, und sein bedrohliches Fauchen sei noch heute hin und wieder zu hören. Doch am wahrscheinlichsten klingt die Geschichte, dass Geschütze, mit denen man die Burg ausstattete, in der damaligen Soldatensprache auch »Katten« genannt wurden.

Welche Legende auch stimmen mag, belegbar ist zumindest, dass der Wohnturm der Burg Luttelnau im 13. Jahrhundert errichtet wurde und die Anlage nun als einzige noch teilweise erhaltene Turmhügelburg (Motte) an der Ruhr gilt. Da die Familie von Luttelnau 1417 ausstarb, ging die Burg in den Besitz der Herren von Oefte über, die auf der unmittelbar gegenüberliegenden Flussseite in einem Schloss residierten. Ihnen diente der Kattenturm bis ins 16. Jahrhundert als Gefängnis. Mittlerweile steht er unter Denkmalschutz und ist im Besitz der Stadt.

Adresse Am Kattenturm, 45219 Essen-Kettwig | **EVAG** Bus 190, Haltestelle Kattenturm | **Tipp** Das Schloss Oefte auf der anderen Ruhrseite ist samt Parkanlage noch erhalten. Es steht unter Denkmalschutz, ist aber in Privatbesitz und wird von einem Golfplatz genutzt.

48 Die Kleinhaus-Siedlung

Gartenstadt in Rautenform

Ab 1910 machte der Architekt Georg Metzendorf mit dem Bau der Margarethenhöhe vor, wie sich eine Gartenstadt städtebaulich umsetzen lässt. Inspiriert durch dieses Konzept entwarf Theodor Suhnel daraufhin die Kleinhaus-Siedlung in Altendorf. Obwohl sie eine ähnliche Pracht wie die Margarethenhöhe aufweist, wenn auch in kleinerem Maßstab, gilt sie nach wie vor als Geheimtipp für Architekturbegeisterte. Völlig zu Unrecht steht sie im Schatten ihrer großen Gartenstadt-»Schwester«. Geplant war die Anlage bereits für 1914, doch wegen des Ausbruchs des Ersten Weltkriegs wurde das Vorhaben erst ab 1919 umgesetzt.

Theodor Suhnel gruppierte die Häuser rautenförmig um eine Parkanlage. Ursprünglich waren dabei kleine Einzelhäuser geplant, die der Siedlung den Namen gaben; aufgrund der Wohnungsnot nach dem Krieg wurden jedoch mehrgeschossige Mietshäuser umgesetzt. Dennoch erhielt Suhnel die hohe Wohnqualität, indem er für die damalige Zeit noch unübliche Standards wie eine Spülküche, Baderäume und eigene Toiletten in die einzelnen Wohnungen integrierte.

Von außen verleiht die bewusst unterschiedliche Bauweise der Häuser, wobei manche Elemente immer wiederkehren, der Siedlung einen ganz eigenen Charakter. Sie liegt zwischen Hirtsieferstraße und Bockmühlenweg, der Lichterweg verlängert die Wohnanlage noch bis nach Süden zur Möbiusstraße und zur Nöggerathstraße. Auf der kleinen Wiesenfläche am Lichterweg steht eine Büste von Heinrich Hirtsiefer, der als Mitbegründer der Kleinhaus-Siedlung Essen-West eGmbH und als Mitinitiator des Bauvorhabens gilt. Daher wird die Anlage volkstümlich auch als Hirtsiefer-Siedlung bezeichnet. Hirtsiefer, ab 1921 Minister für Volkswohlfahrt im Preußischen Landtag, lebte sogar selbst einige Jahre in der Kleinhaus-Siedlung. Noch heute ist seine damalige 230-Quadratmeter-Wohnung mit Balkon die größte in der Siedlung.

Adresse Hirtsieferstraße, 45143 Essen-Altendorf | **EVAG** STR 103, 105, Haltestelle Bockmühle | **Tipp** In der Kleinen Buschstraße befindet sich mit dem alten Bahnhof Altendorf ein noch immer ansehnliches Gebäude. Direkt dahinter verläuft die zum Radweg umgebaute alte Bahntrasse.

49 _ Der Kokskohlenturm
Lagerstätte für die Kokerei

Er ist nicht nur einer der letzten seiner Art, als man ihn 1913 fertigstellte, galt er auch als einer der ersten. Der Kokskohlenturm in Freisenbruch erinnert noch heute an die ehemalige Kokerei. Dabei war die Rarität selbst nur ein gutes Jahr in Betrieb. Die Kokerei, der der Turm angegliedert war, bestand jedoch schon seit 1882. Sie gehörte zur Zeche Eintracht Tiefbau II, deren Kohlen sich ideal zu Koks veredeln ließen. Da die Fördermenge stetig anstieg, erweiterte man auch die Kokerei kontinuierlich. 1913 beschloss die Zechengewerkschaft, die Anlage um 60 Otto-Unterbrenner-Regenerativkoksöfen zu erweitern. Direkt neben diese Batterie von Öfen setzte man den Betonriesen. Denn waren die Brennöfen erst mal heiß gelaufen, mussten sie rund um die Uhr und kontinuierlich Koks backen. Daher musste ein ständiger Nachschub an Kohle gesichert sein – dies übernahm der Betonriese. Er bot Raum für bis zu 1.000 Tonnen und konnte bei Störungen im Betriebsablauf noch circa drei Tage lang die Koksöfen mit Kohlen versorgen. Befüllt wurde er von einem Förderband, das direkt aus der damaligen Kohlenwäsche kam, nachdem dort ein für den Backprozess vorteilhaftes Mischungsverhältnis unterschiedlicher Kohlensorten hergestellt worden war.

Warum die Kokerei dann jedoch bereits 1914 den Betrieb einstellte, ist nicht eindeutig geklärt. Das Bergwerk selbst legte man erst 1925 still, wobei das Grubenfeld von der Zeche Langenbrahm übernommen wurde.

Von den damaligen Betriebsstätten sind nur noch wenige Gebäude erhalten, die heute von Gewerbetreibenden genutzt werden. Das auffälligste Bauwerk ist natürlich der Kokskohlenturm. Derzeit ist seine Zukunft noch ungewiss, obwohl sich bereits einige Bürgerinitiativen für seinen Erhalt starkmachen, schließlich gilt er als historisch wertvoll. Die zur Kokerei gehörende ehemalige Bahntrasse wurde bereits zum Rad- und Wanderweg umgebaut.

Adresse Alleestraße, 45279 Essen-Freisenbruch | EVAG Bus 170, 174, Haltestelle Zweibachegge | Tipp Um etwas über die Funktionsweise von Koksöfen zu erfahren, empfiehlt sich ein Besuch der Kokerei Zollverein. Dort sind die Ofenbatterien mittlerweile im Rahmen von Führungen begehbar.

50 Das Krause Bäumchen
Die Rellinghauser Linde als Grenze

Skurril kommt der Straßenname »Am Krausen Bäumchen« daher, kennt man dessen etymologischen Hintergrund nicht. Das Wörtchen »krause« hat nämlich keinerlei lockigen Ursprung. Vielmehr leitet sich der Begriff von »cruce« ab, was so viel wie »Kreuz« bedeutet. Die Straße hat ihren Namen also von einem Baum, zu dessen Füßen ein Kreuz stand. Dieser auch »Rellinghauser Linde« genannte Baum stellte eine Grenzmarkierung dar. Nämlich die zwischen dem Stift Essen und dem damaligen Kanonissenstift Rellinghausen.

So lässt sich nun auch der selbst noch im 20. Jahrhundert gebräuchliche Ausspruch »Du bist noch lange nicht am Krausen Bäumchen« leicht ableiten. Er sagt aus, dass man sein Ziel noch nicht erreicht hat, und galt ursprünglich Gesetzesbrechern, die zwar auf der Flucht, aber noch nicht aus dem Essener Gebiet hinaus waren. Wollten sie sich der Gerichtsbarkeit endgültig entziehen, mussten sie erst die Stiftsgrenze und somit die »Rellinghauser Linde« passieren.

Der originale Grenzbaum wurde angeblich über 1.000 Jahre alt und fiel erst 1852 einem Blitzschlag zum Opfer. Zwar pflanzte man 1877 eine neue Linde, diese wurde jedoch vor wenigen Jahren durch einen Sprössling ersetzt. Heute dominiert am »Krausen Bäumchen« vor allem ein großes Steinkreuz. Es steht auf einer von einer alten Mauer umrandeten kleinen Freifläche mit Sitzgelegenheit an der Weserstraße.

Die lateinische Inschrift auf dem Steinkreuz berichtet zwar, dass hier vor 1.000 Jahren das Evangelium gehalten wurde, diese Behauptung ist jedoch inzwischen widerlegt. Auch der Mythos, dass Bischof Altfrid höchstpersönlich an dieser Stelle gestanden haben soll, ins Tal blickte und daraufhin das Stift Essen, die Keimzelle der heutigen Stadt, gründete, erwies sich als falsch. Richtig ist jedoch, dass bei Flur- und Pfingstprozessionen hier haltgemacht wird, um den Segen zu verteilen.

Adresse Weserstraße Ecke Am Krausen Bäumchen, 45136 Essen-Bergerhausen | **EVAG** Bus 154, 155, Haltestelle Hohefuhrstraße | **Tipp** Der Straße »Am Krausen Bäumchen« über die Ruhrallee folgend stößt man auf das Siepental. Die Parkanlage bietet für Kinder einen großen Spielplatz. Das Haus Siepen lädt zur Stärkung ein.

51 Das Krayer Rathaus
Erste Sitzung der Stadt Essen nach dem Krieg

Repräsentativ sollte das neu zu errichtende Rathaus sein, als Kray-Leithe 1906 eigenständige Bürgermeisterei wurde. Die Loslösung von Stoppenberg war eine logische Konsequenz, schließlich zählte Kray zu den reichsten Landgemeinden Preußens und verdiente somit die Selbstständigkeit. Natürlich musste ein Prachtbau her, der diesen Wohlstand widerspiegelte. Mit dem Franzosen Otto Mecke engagierte man einen geeigneten Architekten, der dieses Vorhaben ab 1907 meisterlich umsetzte.

Als man das Rathaus dann 1908 feierlich einweihte, ahnte man noch nicht, dass es seine Funktion nur etwas mehr als zwei Jahrzehnte erfüllen würde. Nicht etwa ein Krieg, wie sonst so oft, enthob das Gebäude seines Amtes. Vielmehr musste sich Kray-Leithe unterordnen und wurde 1929 zu Essen eingemeindet. Dennoch war es der Krieg, der dem Gebäude einen Eintrag in die städtischen Geschichtsbücher einbrachte. Denn anders als das Essener Rathaus überstand es den Zweiten Weltkrieg völlig unbeschadet. So rief die englische Besatzungsmacht hier die erste öffentliche Nachkriegssitzung des Essener Stadtrats zusammen. Und auch als das Essener Rathaus gegenüber der Marktkirche in den 1960ern endgültig abgerissen wurde, nutzte man das Krayer Amtsgebäude bis zur Einweihung des Neubaus am Porscheplatz 1979 immerhin 15 Jahre lang als offiziellen Verwaltungssitz der Stadt.

Heute zählt es zu den zehn besterhaltenen Jugendstil-Verwaltungsbauten Deutschlands und strahlt noch immer die Würde der späten Kaiserzeit aus – sowohl im Inneren als auch im Außenbereich. 1985 stellte man es daher samt umschließender Parkanlage unter Denkmalschutz.

Zum Abschluss sei noch erwähnt, dass auch die »Königliche Polizeidienststelle Kray« ab 1909 in dem Gebäude ansässig war. Und eine Polizeiwache findet sich noch immer in dem historischen Gebäude – manche Dinge überdauern dann eben doch.

Adresse Kamblickweg 27, 45307 Essen-Kray | EVAG Bus 146, 147, Haltestelle Kray-Mitte | Tipp Fußläufig liegt der idyllische Krayer Friedhof. Dort findet sich auch das Ehrengrab von Jacob Weber, dem letzten Krayer Bürgermeister vor der Eingemeindung nach Essen.

52 Die Kriegsgräberstätte Graf Beust
69 Jahre lang vermisst

Der Hochbunker »Eiserne Hand« ist nicht fern. Doch die nur circa 80 Meter Luftlinie zu dem vermeintlichen Schutzraum nutzten den 99 russischen Kriegsgefangenen im Zweiten Weltkrieg nichts. Als am Abend des 12. Dezember 1944 der Fliegeralarm erklang, blieb ihnen der Zutritt zum Bunker verwehrt. Zusammen mit einem deutschen Unteroffizier zogen sie sich daher in einen nahen Schutzstollen zurück, den sie als Zwangsarbeiter der Zeche Graf Beust zuvor selbst angelegt hatten.

Der Luftschlag an dem Abend war der letzte Nachtangriff der Royal Air Force, aber mit über 500 Fliegern einer der größten. Circa 60.000 Brand-, 5.000 Phosphor- und 4.000 Sprengbomben gingen über Essen nieder. Über ein halbes Dutzend davon schlug in unmittelbarer Nähe des Stollens ein und ließ Teile davon einstürzen. Die 100 verschütteten Männer erstickten. Die anfänglichen Versuche, die Toten zu bergen, stellte man ein. Man beließ sie im Stollen, wo ihre Gebeine noch heute ruhen.

Kurz nach dem Krieg installierte man eine erste Gedenkplatte. Die Kriegsgräberstätte, die heute noch vorhanden ist, wurde am 12. Dezember 1964, dem 20. Todestag, eröffnet. Sie liegt zwischen dem Betriebshof der Essener Verkehrsbetriebe (das damalige Gelände der Zeche Graf Beust) und dem Areal der Feuerwehrwache Mitte und ist über einen schmalen, von der Gerlingstraße ausgehenden, unscheinbaren Fußweg zu erreichen. Der eingestürzte Stollen war nur wenige Meter entfernt. Auf dem kreuzförmigen Bronzerelief erkennt man neben einer deutschen und einer kyrillischen Inschrift das abstrahierte Bildnis eines Verschütteten.

In ihrer Heimat galten die Toten noch bis ins Jahr 2013, also 69 Jahre lang, als vermisst. 2014 ergänzte man daher das Denkmal um zwei Stelen, in die man die 99 russischen Namen eingravierte.

Adresse Gerlingstraße auf Höhe Eiserne Hand, 45139 Essen-Ostviertel | **EVAG** Bus 154, 155, Haltestelle Eiserne Hand | **Tipp** Der Hochbunker »Eiserne Hand« steht auf dem Gelände der Feuerwache Mitte. An einigen Tagen im Jahr werden Führungen angeboten.

53 Der Krupp'sche Wassertank

Am Rande der Hügelkolonie Brandenbusch

Wer einen eigenen Hofstaat unterhält, braucht vielerlei Dinge. Zum Beispiel nahe Wohnhäuser für seine Bediensteten und eine autarke Trinkwasserversorgung. Als Alfred Krupp zwischen 1870 bis 1873 die Villa Hügel errichtete, ließ er daher ungefähr auf Höhe des heutigen Regattaturms ein eigenes Wasserwerk bauen, das ihm Trinkwasser liefern sollte. Sein Sohn Friedrich Alfred regte zudem ab 1885 die Errichtung der Hügelkolonie Brandenbusch an. Architekt Samuel Marx realisierte sie im Cottage-Stil. Angefangen beim Chauffeur über den Gärtner bis hin zum Küchendiener lebten circa 600 Bedienstete der Villa Hügel in der Siedlung und waren durch die räumliche Nähe nun jederzeit abrufbar.

Jedoch reichte die Wasserqualität und -menge für so viele Menschen bald schon nicht mehr aus, sodass eine neue Lösung hermusste. Die Bredeneyer Höhen nahe der Kolonie eigneten sich perfekt, um nicht nur die Villa und die Wohnsiedlung, sondern vor allem auch die Kruppwerke selbst kontinuierlich mit Wasser zu versorgen. Daher schuf man dort ab 1918 den 10.000 Kubikmeter Wasser fassenden Speicher, der nun von dem ebenfalls neu gebauten Wasserwerk im Wolfsbachtal über Pumpen befüllt werden konnte.

Betrachtet man das noch erhaltene Gebäude, fragt man sich, wo all die Wassermassen in dem eher kleinen Haus unterkamen. Die Lösung findet sich unter Tage, denn die gigantischen Tanks ruhten in Erdbehältern im Kellergeschoss. Dennoch lagen sie noch immer circa 60 Meter oberhalb der Villa Hügel und über 100 Meter über den Kruppwerken, sodass der Druck ausreichte, um die Wasserversorgung zu gewährleisten. Das Gebäude selbst diente lediglich zur technischen Überwachung. Nach der Stilllegung des Objekts 1963 ging dessen Ausstattung verloren, dennoch steht das Haus mit dem klassizistischen Eingangsportal unter Denkmalschutz.

Adresse Am Tann, 45133 Essen-Bredeney | **EVAG** Bus 154, Haltestelle Zur Villa Hügel | **Tipp** Rund um die Straße Am Wiesengrund befindet sich die »Conradsche Colonie«. Die Villensiedlung weist eine Vielzahl von Prunkbauten aus der Gründerzeit auf.

54 ___ Der Kunstraum Notkirche
Ein Dialog zwischen Kunst- und Mauerwerk

Die Schrecken des Zweiten Weltkriegs machten auch vor Kirchen nicht halt. Nach Bombenangriffen in den Jahren 1943 und 1945 stand von St. Aposteln in Frohnhausen schließlich nur noch der Glockenturm. Selbst das Gemeindehaus war zerstört. Auf dessen Fundament baute man nach einem Entwurf von Otto Bartning die noch immer erhaltene Notkirche. Zusammen mit bundesweit über 40 solcher Bartning-Notkirchen läuft derzeit ein Antrag, um ihnen den Status des UNESCO-Weltkulturerbes zu verleihen. Errichtet wurde die Frohnhauser Notkirche durch die Gemeindemitglieder selbst, wobei als Baumaterial vor allem die Trümmer der zerstörten Kirche selbst dienten. 1949 konnte dort der erste Gottesdienst gefeiert werden. Neun Jahre lang nutzte man sie für heilige Messen, bis 1958 die neue Apostelkirche eingeweiht wurde. Ab 1963 gestaltete man daher die Notkirche zu einem Gemeindesaal um.

Eine weitere, finale Umnutzung erfuhr das Gebäude ab dem Jahre 1989, als man es zum Kunstraum erklärte. Seitdem wurden mehr als 80 Ausstellungen und kulturelle Inszenierungen dort umgesetzt. Von Lichtinstallationen über Malerei bis hin zu Bildhauerei und Performancekunst. Durch das abwechslungsreiche Kulturangebot genießt der »Kunstraum Notkirche« mittlerweile einen überregionalen Ruf.

Dabei dürfen sich sowohl bekannte als auch noch unbekannte Künstler in dem hallenartigen Bau präsentieren. Der künstlerischen Thematik sind keine Grenzen gesetzt, aber der Dialog steht im Mittelpunkt: der Dialog zwischen zeitgenössischer Kunst und der evangelischen Kirche, zwischen Künstler und Besucher, zwischen Kunstobjekt und dem Gemäuer der Notkirche selbst. Der »Kunstraum Notkirche« hat sich nun zu einem Teil eines größeren Projekts entwickelt. Denn im angrenzenden Apostelhaus, dem neuen Gemeindezentrum, wurden mittlerweile acht Ateliers zur künstlerischen Entfaltung eingerichtet.

Adresse Mülheimer Straße 70–72, 45145 Essen-Frohnhausen, www.kulturkirche-essen.de | **EVAG** Bus 145, 147, Haltestelle Berliner Straße | **Tipp** Die Eissporthalle Essen-West in der Curtiusstraße 2 ist nicht nur Heimstätte des Eishockeyclubs »Moskitos Essen«, auch Eiskunstlauf-Mannschaften und Eisstockvereine sind hier ansässig. Zudem gibt es öffentliche Laufzeiten und »Ice-Partys«.

55 Die Lourdesgrotte
Borbeck als Wallfahrtsort

Das französische Städtchen Lourdes am Rande der Pyrenäen gehört zu den meistbesuchten Wallfahrtsorten der Welt. 1858 soll dort ein Mädchen in einer Grotte Marienerscheinungen gehabt haben. Vor allem Ende des 19. Jahrhunderts und Anfang des 20. Jahrhunderts errichteten Gemeinden und Städte Nachbildungen der Lourdesgrotte, um Pilgern eine lokale Anlaufstelle beziehungsweise Wallfahrtsstätte zu bieten. Auf Initiative des Borbecker Knappenvereins entstand 1911 zu dessen 50-jährigem Jubiläum die Essener Lourdesgrotte. Erbaut aus Thüringer Tropfstein, schmiegt sie sich von außen an die Apsis des Chorraumes der St.-Dionysius-Kirche. Nach französischem Vorbild entstand auch die steinerne Marienfigur, die, ihre Hände vor der Brust zum Gebet zusammengelegt, erhöht auf einem felsigen Vorsprung inmitten der Grotte steht und Richtung Hülsmannstraße blickt. Auf einem kleinen Altar können Pilger Opfergaben niederlegen.

Und tatsächlich wird die Borbecker Lourdesgrotte auch heute noch als Pilgerstätte genutzt. So finden sich hier vor allem an Mariä Himmelfahrt am 15. August hauptsächlich orthodoxe Gläubige, bei denen Marienverehrung verbreitet ist, ein, um vor der Madonna um Erlösung zu beten. Doch Blumen, Sträuße und Kerzen schmücken das ganze Jahr über die Lourdesgrotte und zeugen von einem steten »Gebrauch« des Ortes, der 2011 immerhin schon seinen 100. Geburtstag feierte.

Der Dionysiuskirchplatz schreibt sogar schon über 1.000-jährige Kirchengeschichte. Bereits im 10. Jahrhundert errichtete man hier eine erste Kapelle, größere Gotteshäuser und ein Friedhof folgten. Die heutige Dionysiuskirche stammt jedoch aus dem Jahre 1951, da ihr Vorgänger 1944 im Zweiten Weltkrieg fast vollständig zerstört wurde. Lediglich der Kirchturm und, es scheint fast ein Wunder zu sein, die Lourdesgrotte blieben bei den Bombentreffern nahezu unversehrt.

Adresse Dionysiuskirchplatz, 45355 Essen-Borbeck-Mitte | **EVAG** Bahn 101, 103, Bus 170, 186, Haltestelle Germaniaplatz | **Tipp** Die Alte Cuestery direkt an der Kirchtreppe ist mittlerweile ein Kultur- und Veranstaltungszentrum. Auch das sehenswerte Archiv des Kultur-Historischen Vereins Borbeck ist in dem Gemäuer beheimatet.

56 Der Ludwig-Kessing-Park
Ein Bergmann und Heimatdichter

Ludwig Kessings Biografie birgt eine gewisse Tragik. Denn sein Eifer in der Volksschule weckte in ihm den Wunsch, zu studieren und sich weiterzubilden. Doch das Schicksal hatte ganz andere Pläne – sein Vater starb 1882, als er 13 war, und als Drittältester von acht Geschwistern musste er plötzlich lernen, Verantwortung zu übernehmen. So trat der gebürtige Überruhrer in die Fußstapfen seines Vaters und Großvaters und wurde Bergmann. Doch sein Wunsch nach höherer Bildung trieb ihn nach Schichtende zum Selbststudium. Als Autodidakt brachte er sich fließend Französisch bei, erwarb fundierte Sprachkenntnisse in Englisch und Latein und widmete sich intensiv lyrischen Werken. 1900 brachte er seinen ersten Gedichtband »Im Reiche der Kohlen – ein Bergmannsgesangsbuch« heraus. Er dichtete über das Schicksal der Bergleute, über Unmenschlichkeit und Ausbeutung. Nach dem Ersten Weltkrieg folgten Theaterstücke und weitere Gedichtbände, die durchaus überregionale Beachtung fanden.

Dem 1940 verstorbenen Lyriker wollte man in den 1970er Jahren in seiner Heimat ein Denkmal setzen. Nachdem 1934 bereits der Südost-Park zur Verbesserung der Wohnqualität in Überruhr-Hinsel geschaffen wurde, beschloss man 1974 schließlich, ihn zu Ehren des Bergmannsdichters in Ludwig-Kessing-Park umzubenennen. Das Gelände der Grünanlage selbst ist geschichtsträchtig. Hier stand bis 1914 die Schachtanlage Hermann der Zeche Eiberg. Einige Fundamente des Fördermaschinenhauses sind noch erhalten und in die Parkanlage integriert. Zudem steht noch das ehemalige Direktionsgebäude am südwestlichen Eingang.

Von dem hoch gelegenen Park führen einige Fußwege hinab direkt an die Ruhr. Folgt man dem südöstlichen Pfad, stößt man kurz vor dem dort ansässigen Ruderclub auf ein weiteres Relikt. An der Ecke zum Heuweg steht noch eingezäunt und stark verfallen das Geburtshaus Ludwig Kessings.

Adresse Kevelohstraße , 45277 Essen-Überruhr-Hinsel | **EVAG** Bus 166, Haltestelle Schulte-Hinsel-Straße | **Tipp** Folgt man der Ruhr nach Osten, stößt man auf das Wichteltal. Hier befinden sich der alte Holteyer Hafen, ein Ziegengehege und eine kleine Friedenskapelle.

57 Die Maschinenhalle der Zeche Rudolph
Auf Spurensuche im Oefter Wald

Manchmal ist ja schon der Weg das Ziel. Will man beispielsweise die alte Maschinenhalle der Zeche Rudolph besichtigen, kann es durchaus passieren, dass man sie gar nicht findet. Dennoch gestaltet sich die Suche nach ihr durchaus als naturnahes Wandererlebnis. Denn das Gebäude liegt versteckt abseits jeglicher Wege mitten im Oefter Wald, und der allein bietet schon einen hohen Freizeit- und Erholungswert. Das Oefter Bachtal stellt ein ganz besonderes Idyll dar. Als ausgewiesenes Naturschutzgebiet besitzt es zahlreiche Bäche und Quellbereiche. Aufgrund des dadurch sehr wasserreichen Bodens finden sich hier vor allem feuchtigkeitsliebende Bäume wie Erlen und Pappeln sowie typische Tier- und Pflanzenarten.

Fern von jeglichem Großstadtlärm sind die einzigen Hinweise auf menschliche Eingriffe in dieses Stück Natur die Wanderwege, die den Wald erschließen – und eben die Anwesenheit der alten Maschinenhalle. Orientiert man sich am Waldrand, der entlang des Feldes an der Straße »Zum Timpen« verläuft, findet man sie. Hinweisschilder oder Wegweiser sucht man jedoch vergebens. Lediglich ein paar Trampelpfade geben die Richtung vor.

Die Zeche Rudolph stammt schon aus der Zeit der frühen Kohleförderung. Bereits ab 1830 wurde hier Bergbau betrieben, das alte Backsteingemäuer entstand jedoch ungefähr zur Jahrhundertwende. 130 Jahre war die Zeche in Betrieb, 1966 schloss sie. Seitdem überließ man die Maschinenhalle sich selbst beziehungsweise der Natur, denn ein Abbruch des Gemäuers erwies sich als unrentabel. Aus Sicherheitsgründen ist die Ruine eingezäunt, dennoch lohnt ein Blick auf die von Efeu und Wein in Beschlag genommene Fassade. Im Umkreis des Gebäudes finden sich noch Bodenrelikte. Umgestürzte Mauern und Bodensenkungen zeugen davon, dass im Oefter Wald einst Industrie zu Hause war.

Adresse Zum Timpen, 45239 Essen-Heidhausen | **EVAG** Bus 190, Haltestelle Geilinghausweg | **Tipp** Auch das Kamillushaus an der Heidhauser Straße 273 und das alte Heidhauser Rathaus überzeugen durch ihre Architektur. Beide Gebäude stehen unter Denkmalschutz.

58 Der Modell-Eisenbahn-Club

Der letzte Barwagen seiner Art

Einen passenderen Ort hätte man für das Vereinsheim wohl nicht wählen können. Direkt vor der Haustür des Modell-Eisenbahn-Clubs befindet sich die Trasse der ehemaligen Cöln-Mindener-Eisenbahn. Die Strecke, die 1847 eingeweiht wurde, gilt als erste Fernbahntrasse des Ruhrgebiets und trug so zum industriellen Aufschwung der Region maßgeblich bei. Direkt daneben zieht zudem ein altes Stellwerk die Blicke auf sich. Hier also, wo Eisenbahn-Nostalgiker voll auf ihre Kosten kommen, siedelte sich 2005 der »Modell-Eisenbahn-Club Essen & Umgebung e. V.« an.

Der Verein selbst besteht schon seit 1949 und ist somit fest in der hiesigen Eisenbahngeschichte verankert. Auf zwei Etagen verteilt sich das Clubleben, wobei es vor allem das Erdgeschoss in sich hat. Denn dort kreisen die Modellbahnen durch die in mühevoller Handarbeit gestaltete Miniaturlandschaft.

Neben all den Modellbauten und Miniaturzügen besitzt der Verein auch Originalwaggons. Mit dem »Barwagen«, einem dreiachsigen bayrischen Personenwagen, steht eine echte Rarität parat. Der 1921 gebaute Waggon ist der letzte seiner Art. Und trotz seines hohen Alters ist er noch immer fahrtüchtig und wird bei Museums- und Sonderfahrten, zu denen der Verein regelmäßig einlädt, gerne eingesetzt. Auch einen historischen »Hechtwagen« aus dem Jahre 1923 nennt der Verein sein Eigen. Den Namen verdankt er seinen markanten Wagenenden. In seinem Inneren wurde eine weitere Modellbahnanlage verwirklicht, durch deren Miniaturlandschaft sogar eine Straßenbahn und eine Kleinspurbahn fahren.

Beide Oldtimer stehen jedoch nicht am Vereinsheim, sondern in der denkwürdigen Kulisse des Eisenbahnmuseums in Bochum-Dahlhausen und sind dort zu besichtigen. Auch die Modellanlage im »Hechtwagen« steht dort Besuchern zur Verfügung.

Adresse Gladbecker Straße 354, 45326 Essen-Altenessen-Süd, www.mec-essen.de und www.eisenbahnmuseum-bochum.de | **EVAG** U11, U18, STR 106, Haltestelle Altenessen Bahnhof | **Öffnungszeiten** MEC: offene Treffen jeden Di, bitte Homepage beachten; Eisenbahnmuseum: März–Sept. Di–Fr, So und feiertags 10–17 Uhr | **Tipp** Auf dem Schürmannhof in Bergerhausen, Kaninenberg 15, unterhält der Verein eine Gartenbahn. Sie dreht rund um das Fachwerkhaus ihre Runden.

59 Die Mondscheinwiese

Für Nachtschwärmer und Tagträumer

Allein der verträumte Name lässt an laue Sommerabende denken, an romantische Stunden unterm Sternenzelt – er wirkt fast wie einem poetischen Werk entsprungen. Kein Wunder also, dass die Mondscheinwiese nicht amtlich so heißt, sondern ihren Titel wahrscheinlich den Sentimentalitäten einiger Romantiker verdankt. Der Name hat sich im Laufe der Jahrzehnte jedoch so eingebürgert, dass er von allen genutzt wird. So trifft man sich an der Mondscheinwiese und eben nicht nur an einer namenlosen Grünfläche hinter dem Wanderparkplatz. Denn von diesem liegt die Lichtung circa 200 Meter entfernt, wie ein Eiland umringt von dichtem Baumbestand. Mit knapp 2.000 Quadratmetern bildet die Mondscheinwiese die größte begrünte Freifläche im Essener Stadtwald.

Bei diesem handelt es sich um ein von Erich Zweigert geschaffenes Waldgebiet. Der ab 1886 bis zu seinem Tode 1906 amtierende Oberbürgermeister erwarb für 1,9 Millionen Goldmark das über 100 Hektar große Waldgebiet von der Adelsfamilie Vittinghoff-Schell und ließ es nach seinen Vorgaben aufforsten. So erhielt der Stadtwald unter anderem ein umfangreiches Wanderwegenetz. Da Zweigert maßgeblich an den Gebietserweiterungen der Stadt beteiligt war, wollte er mit dem Stadtwald nicht nur einen Ersatz für die vielen zerstörten Landschaften bieten – er wollte auch der Bevölkerung eine Naherholungsfläche schaffen.

Aus Dankbarkeit für die Errichtung dieses Naturrefugiums setzte man ihm 1909 mit dem »Zweigertstein« direkt an der Frankenstraße ein Denkmal. Es steht noch immer gegenüber dem Wanderparkplatz unweit der Mondscheinwiese. Auf ihr tummeln sich tagsüber Picknicker, spielende Kinder und Co. Auch Lauftreffs, Nordic-Walking-Gruppen und Wanderer nutzen sie als Start- und Endpunkt ihrer Rundstrecken. Ob sie bei Mondschein jedoch als Treffpunkt für Romantiker, Träumer oder Nachtschwärmer dient, ist nicht bekannt.

Adresse Frankenstraße Ecke Ägidiusstraße, 45133 Essen-Stadtwald | **EVAG** Bus 194, 171, Haltestelle Zweigertstein | **Tipp** Nördlich der Frankenstraße, also aufseiten des Zweigertsteins, findet sich im Stadtwald der sogenannte Waldpark. Er bietet einen Naturerlebnispfad mit vielen spannenden Stationen.

60 Die Mühlenemscher

Ein Grenzbach und das Karnaper Wäldchen

Zugegeben: Wandelt man entlang der Mühlenemscher, hält man sich zum Großteil in Gelsenkirchen auf. Nur der nördliche Abschnitt mit der Quelle des kleinen Baches liegt komplett auf Essener Stadtgebiet. Die Mühlenemscher bildet während ihres kurzen Laufs von nur 1,3 Kilometern die Grenze zwischen Gelsenkirchen-Horst und Essen-Karnap. Bedenkt man aber, wer die Renaturierung des Bachbetts hauptsächlich gezahlt hat, kann man wohl mit Fug und Recht behaupten, dass sie zur Stadt Essen gehört.

Denn als es darum ging, den Bachlauf wieder naturnah zu gestalten, stellte sich heraus, dass das Grundwasser stark belastet war. Die Altlasten fanden ihren Ursprung in der ehemaligen Kokerei der Zeche Mathias Stinnes, die in unmittelbarer Nähe stand. Da diese nicht mehr existiert, musste die Stadt die Kosten übernehmen – so kam es, dass Essen den Großteil der Umgestaltung und Renaturierung des Bachlaufs getragen hat.

Die Mühlenemscher wird oft auch als »Alte Emscher« bezeichnet, was suggeriert, es handele sich um einen Altarm des großen Flusses. Richtig ist jedoch, dass der kleine Bach ein eigenständiges Gewässer ist, das noch immer mit Wasser gespeist wird und durch eine Druckrohrleitung in die Emscher fließt. An ihrer Mündung gibt es viele Möglichkeiten, die Natur zu genießen: über eine Brücke erschließt sich die grüne Emscherinsel, zum Westen hin grenzt der Emscherpark an, und gen Osten stößt man schon bald auf den sehenswerten Nordsternpark in Gelsenkirchen.

Aber auch von ihrer unscheinbaren Quelle nördlich der Straße In der Mark aus eröffnen sich Ausflugsmöglichkeiten. Wege führen fort von der Mühlenemscher und hinein in die auch »Karnaper Wäldchen« genannte Grünanlage jenseits der Karnaper Straße. Auch dort hat die ehemalige Zeche eine Spur hinterlassen – nämlich Essens nördlichste, aber namenlose Halde, die lediglich durch einen Radweg erschlossen ist.

Adresse In der Mark, 45329 Essen-Karnap | **EVAG** U11, Haltestelle Alte Landstraße | **Tipp** Wer sich über die Stadtgrenze hinauswagt, den führt der Radweg aus dem »Karnaper Wäldchen« hinaus in die nördliche Haldenlandschaft Gladbecks.

61 Der Nashorn-Tempel
Albrecht Dürer und die Vogelheimer Klinge

Als Albrecht Dürer 1515 den Holzschnitt »Rhinocerus« fertigte, sorgte er für eine Sensation – denn bis dato hatte noch niemand in Mitteleuropa ein Nashorn gesehen. Selbst Dürer orientierte sich nur an einer ihm vorliegenden Beschreibung samt Skizze. Die Skulptur des Bildhauers, Künstlers und Kunstprofessors Johannes Brus sorgt ebenfalls für Aufsehen. Zwar nur bei den Autofahrern, die hier auf der B 224 unterwegs sind, aber da man Nashörner eher nur aus dem Zoo oder dem Fernsehen kennt, ist das Überraschungsmoment aufseiten des Savannentiers. Während Dürer das einhörnige Panzernashorn aus Indien darstellte, setzte Brus auf das zweihörnige Pendant aus Afrika.

Der Künstler fertigte es aus Steinguss und bearbeitete es ganz bewusst nur sehr grob, um die raue Struktur zu erzielen. Mit den vier Stahlkokillen, die die Eckpunkte einer Bodenplatte markieren, wirkt das Säugetier wie in einen Käfig gesperrt. Doch Brus' Idee war vielmehr eine heilige Stätte für sein Rhinozeros gewesen – »Nashorn-Tempel« nannte er 1988 das Kunstwerk, und in der Tat lenken die verrosteten Stahlsäulen den Blick auf das Tier und heben es durch seine Anmut, Kraft und Ruhe von seiner Umgebung ab. Denn diese Umgebung ist das seit 1973 brachliegende Gelände der ehemaligen Zeche Emil-Emscher.

Der »Nashorn-Tempel« wirkt archaisch, beinahe wie ein Relikt aus einer längst vergangenen Epoche. Apropos: Nicht weit von dem Werk entfernt fand man beim Bau des Rhein-Herne-Kanals beziehungsweise beim Aushub eines Hafenbeckens die sogenannte »Vogelheimer Klinge«, die als frühestes Relikt menschlichen Seins in der Region gilt. Sie ist ein 280.000 Jahre altes Steinwerkzeug und wird im Ruhrmuseum ausgestellt.

Die evolutionäre Entwicklungsgeschichte von Nashörnern reicht sogar 50 Millionen Jahre zurück – allerdings ist sie nicht mit der Ruhrregion verknüpft.

Adresse Gladbecker Straße auf Höhe Johanniskirchstraße, 45329 Essen-Vogelheim | **EVAG** U11, U17, Bus 162, Haltestelle Karlsplatz | **Tipp** Fährt man von hier in die Daniel-Eckhardt-Straße, stößt man schon nach wenigen Minuten auf den Essener Stadthafen. Er ist der jüngste Hafen am Rhein-Herne-Kanal und noch immer in Betrieb. Ein weiteres Nashorn von Brus findet man in Kettwig. Es ist Teil des dortigen Skulpturenparks.

62 Die Neue Isenburg
Immer dieses Erbgestreite

Sie zählte zu den größten Burganlagen der Region – die Neue Isenburg, die 150 Meter hoch auf einem Bergrücken thronte. Ein langes Leben war ihr jedoch nicht vergönnt, aber der Reihe nach: Erbaut im Jahre 1240 durch Dietrich von Altena-Isenberg, sollte sie dessen Erbanspruch auf die Abtei Werden und das Stift Essen zur Geltung bringen. Dietrich war der Sohn des Grafen Friedrich von Isenberg, der als Mörder des Kölner Erzbischofs Engelbert I. hingerichtet wurde. Als dessen Besitztümer aufgeteilt wurden, wollte Dietrich seinen rechtmäßigen Anteil einfordern und errichtete die mächtige Wehranlage. Zwar sprach man ihm daraufhin einen Teil der väterlichen Besitzungen zu, aber auch das Kölner Erzbistum strebte nun die Schutzherrschaft über Essen und Werden an. Der neue Erzbischof Konrad von Hochstaden eroberte daher bereits 1244 die Burg. Er nutzte sie fortan als Sitz für einen Vogt, als Kaserne und als Gefängnis. Es heißt, die Festung sei eine sehr wehr- und standhafte Anlage gewesen und nur durch große Katapulte, die sogenannten Trebuchets, zu bezwingen gewesen.

Als ein weiterer Konflikt, nämlich der Limburger Erbfolgestreit, 1288 in der Schlacht bei Worringen gipfelte und das Erzbistum Köln unterlag, demonstrierte einer der Sieger, Graf Eberhard I. von der Mark, seine Vormacht und ließ mehrere Kurkölnische Burgen schleifen – darunter auch die Neue Isenburg.

Die 135 mal 45 Meter große Festung existierte demnach nur 48 Jahre lang. Die Ruine der großen Wehranlage aber ist noch immer vorhanden. Durch die Jahrhunderte war sie von Schutt und Erde bedeckt, aber zwischen 1927 und 1933 legte der damalige Leiter des Ruhrlandmuseums, Ernst Kahr, sie frei, sodass sie nun wieder zu Entdeckungen einlädt. Ihr Name »Neue« Isenburg verweist darauf, dass es zuvor in Hattingen bereits eine Isenburg gab, nämlich die des hingerichteten Friedrich von Isenberg. Auch sie ist noch als Burgruine erhalten und zu bewundern.

Adresse Bottlenberg, 45134 Essen-Bredeney | **EVAG** Bus 145, 146, 175, Haltestelle Schwarze Lene | **Tipp** Nicht weit von der Ruine entfernt befinden sich die »Schwarze Lene« und das »Jagdhaus Schellenberg«. Beide sind renommierte Gastronomiebetriebe mit tollem Ambiente.

63 Der Niederfeldsee
Ein neues Quartier für Altendorf

Im Schatten der Krupp'schen Fabrik wuchs Altendorf zu einem der am dichtesten bevölkerten Stadtteile Essens heran. Darunter litt natürlich auch die Infrastruktur, sodass hier dringend Nachholbedarf bestand. Gentrifizierung nennt man wohl ein solches Vorhaben, wie es ab 2011 mit dem Niederfeldsee realisiert und 2014 erfolgreich abgeschlossen wurde.

Nun ist aus dem ehemaligen Problemviertel eine Oase der Naherholung geworden. Neben 1,8 Hektar Wasserfläche bietet das neu geschaffene Areal eine Promenade zum Flanieren, weitreichende Wiesenflächen zum Erholen und ein neues Wohnquartier zum Leben. Eine 48 Meter lange Brücke trennt den Niederfeldsee in zwei Einheiten. Die südliche besticht durch die nüchterne Gradlinigkeit, mit der ein Teil des Niederfeldsees die ursprüngliche Trasse der Rheinischen Bahn architektonisch widerspiegelt. An der geraden Uferkante finden sich eine terrassierte Promenade, Balkone und Sitzmauern. Der Bereich nördlich der Brücke ist hingegen verspielt und natürlich gestaltet. Liege- und Spielwiesen laden zum Entspannen ein, ein Rundweg schlängelt sich in Ufernähe durch das Gelände. Röhrichtpflanzungen, Ufergehölze und die geschwungene Gewässergrenze vermitteln den Eindruck, es handele sich um einen natürlichen See und nicht etwa um ein von Menschenhand geschaffenes Gewässer. Im Norden begrenzt der Sälzerbach die circa vier Hektar große Anlage, während das sogenannte Uferviertel mit sieben Häusern und 61 Wohneinheiten das Areal nach Süden hin abschließt. So bildet sich eine in sich geschlossene Parkanlage aus.

Der Niederfeldsee ist mehr als nur ein Magnet für die Anwohner. Da über die erwähnte Brücke die Strecke des überregional bedeutsamen Rad- und Fußwegs »Rheinische Bahn« führt, finden auch Auswärtige immer wieder an Altendorfs neues Ufer und genießen ihre Rast. Die Gentrifizierung gilt hier als geglückt.

Adresse Niederfeldstraße, 45143 Essen-Altendorf | **EVAG** STR 105, Haltestelle Röntgenstraße, oder STR 106, Haltestelle Hamborner Straße | **Tipp** Nach nur wenigen Gehminuten stößt man jenseits der Helenenstraße auf den ebenfalls neu gestalteten Krupp-Park.

64 Der Ökopark Segeroth
Essens Wilder Norden ganz friedlich

Der Altenessener Südfriedhof eröffnete 1863 und diente fortan manch Essener Persönlichkeit als letzte Ruhestätte, vom Reichstagsabgeordneten Georg Nauheim bis hin zum Bankier Simon Hirschland. Doch in den 1980er Jahren schloss man die Friedhofspforten, und da zunächst ein Folgenutzungsplan fehlte, lag er Jahrzehnte brach. Zu der Zeit durchschnitt schon die Bottroper Straße die Anlage. Sie teilt das Areal bis heute in einen westlichen und einen östlichen Bereich.

Da die Anwohner den Friedhof für sich als Naherholungsfläche erobert hatten, beschloss die Stadt schließlich, ihn ab 2005 zu einem Park auszubauen – zu einem Ökopark, um genau zu sein. Das »Öko« in der Namensgebung besagt dabei lediglich, dass man die Grünanlage, soweit es geht, sich selbst überlässt. Die Grabsteine ließ man bewusst stehen, sodass sie noch heute jeden Unkundigen sofort wissen lassen, um was für eine Stätte es sich hier gehandelt hat. Neben den Grabsteinen der Prominenz finden sich auch etliche monumentale Ehrenmale für Kriegsgefallene und jene, die bei Grubenunglücken ihr Leben ließen.

Im Zuge der Umgestaltung zum Park ließ die Stadt auch den Weiher im östlichen Teil der Anlage erweitern. Angeblich schwemmten bei dem Aushub noch alte Knochen an die Oberfläche. Gespeist wird der kleine See nun vom Regenwasser, das über Kanäle von der neu geschaffenen Wohnsiedlung am Assmannweg zugeführt wird. Hier findet sich auch ein nicht öffentlicher Teil des Parks – der alte jüdische Friedhof, auf dem bis 1991 noch Beisetzungen stattfanden.

Der Name »Segeroth« stammt von dem ehemaligen Arbeiterviertel, das sich hier Richtung Innenstadt anschloss. Es galt als politischer Brennpunkt und bis in die 1920er Jahre als Hochburg der Kommunistischen Partei Deutschlands. Im früher als »Wilden Norden« titulierten Stadtteil lebt es sich mittlerweile sehr friedlich. Und dank des Ökoparks auch sehr naturnah.

Adresse Paulstraße, 45141 Essen-Nordviertel | **EVAG** U11, U18, Haltestelle Universität Essen | **Tipp** Direkt neben dem Park ist mit dem »Sportbad Thurmfeld« Essens neues Schwimmzentrum entstanden.

65 Der Opernplatz
Dreimal Hochtief

Hochtief gilt als »Global Player« und agiert somit weltweit. Ein Großteil der Unternehmensaufträge kommt von außerhalb Deutschlands. Doch auch die Gebäude rund um den Opernplatz wurden von Hochtief errichtet. Gemeint sind der RWE-Turm, das Aalto-Theater und die historische Konzernzentrale selbst.

Angefangen hatte es mit dem Unternehmen zunächst in Frankfurt am Main, wo die Gebrüder Helfmann 1873 eine erste Baufirma gründeten. Nachdem Hugo Stinnes sich vertraglich verpflichtete, Baumaßnahmen für seinen Konzern nur noch über sie durchführen zu lassen, wechselte das Unternehmen 1922 ins wirtschaftlich florierende Ruhrgebiet und bezog eine erste Zentrale am Essener Pferdemarkt. 1937 erfolgte schließlich der Umzug in den eigenen Prestigebau an der Rellinghauser Straße. Seitdem ist Hochtief dort ansässig und bemüht sich, die originale Bausubstanz trotz notwendiger Modernisierungen zu erhalten. Allein das schmucke Eingangsportal mit Reliefs des Bildhauers Erich Kuhn ist beeindruckend.

1988 stellte man der Zentrale einen weiteren Prestigebau zur Seite. Einen, der seitdem das kulturelle Leben der Stadt stark beeinflusst und bereichert hat – das Aalto-Theater. Die ersten Entwürfe des finnischen Architekten gehen bereits auf das Jahr 1959 zurück. Die Fertigstellung erlebte der 1976 verstorbene Alvar Aalto jedoch nicht mehr.

Mittlerweile ist sein Theaterbau aus dem Stadtbild nicht mehr wegzudenken. Ebenso wie der mächtige RWE-Turm, den man nach zweijähriger Bauzeit 1996 fertigstellte. Noch heute gilt er mit seinen 127 Metern als höchstes Bürogebäude des Ruhrgebiets. Die historische Hochtief-Zentrale wirkt geradezu bescheiden neben dem Hochhaus. Es ist vor allem dieser architektonische Kontrast zwischen Alt und Neu, Groß und Klein, Steinfassade und großflächigen Glasfronten, der dem Opernplatz einen einmaligen Anblick verleiht.

Adresse Opernplatz, 45128 Essen-Südviertel | **EVAG** STR 105, 106, Bus 145, 146, 154, 155, Haltestelle Aalto-Theater | **Tipp** Hinter dem RWE-Turm befindet sich eine kleine Grünanlage. Ebenso wie rund um das Aalto-Theater stehen dort einige Kunstwerke im öffentlichen Raum.

66 Die Padel-Anlage
Volkssport in der Helmut-von-Malottki-Halle

Mit der Hafenstraße verbindet man großen Sport. Sehr großen sogar, bezieht man sich auf die Ausmaße der Helmut-von-Malottki-Halle. Denn mit 16 Kunstrasenplätzen unter einem Dach gilt sie als Europas größte Tennisanlage. Zusammen mit den zwölf Außenplätzen bildet die Halle das TVN Tenniszentrum Essen. Seit Mai 2015 ist hier nun auch eine neue Trendsportart zu Hause: Zwei der Indoor-Spielfelder baute man zu Padel-Plätzen um.

Dabei wirkt ein Padel-Feld wie ein verkleinertes Tennisfeld, das in einen Glaskasten gesetzt wurde. Grund- und Seitenlinien gibt es daher keine. Die Plexiglaswand darf ähnlich wie beim Squash auch als Bande für den Ball herhalten, was dem Spiel völlig neue Möglichkeiten eröffnet. Seinen Ursprung hatte dieser ungewöhnliche und sehr taktikbetonte Sport im Mexiko der 1960er Jahre. Die Gründungslegende besagt, dass Enrique Corcuera trotz beengtem Platz auf seinem Grundstück einen Tennisplatz anlegen wollte. Kurzerhand bezog er die angrenzenden Hauswände mit ein, und Padel war geboren. Dabei waren die kurzen, paddelähnlichen Schläger namensgebend für den Sport.

Padel etablierte sich schnell. In Spanien und Argentinien gilt das Rückschlagspiel mittlerweile als Volkssport. Nicht nur, dass es den Sportlern selbst viel Geschick, räumliches Denken und Taktik abverlangt; auch für Zuschauer ist der Sport sehr attraktiv. Vor allem die meist wesentlich längeren Ballwechsel als beim Tennis begeistern das Publikum.

Kein Wunder, dass im TVN Tenniszentrum Essen regelmäßig Turniere und Veranstaltungen jede Menge Interessierte anlocken. Der große Zulauf zu Essens einziger Padel-Anlage zeigt, dass das Padel-Fieber längst ausgebrochen ist und der Sport auf dem besten Weg ist, sich einen festen Platz in der hiesigen Sportlandschaft zu sichern. Anders als beim Tennis wird Padel übrigens immer nur im Doppel gespielt.

Adresse Hafenstraße 10, 45356 Essen-Bochold, www.tvn-padel.de | **EVAG** STR 101, 106, Haltestelle Bergeborbeck Bahnhof | **Öffnungszeiten** Sommer: Mo – Fr 9 – 22 Uhr, Sa, So 9 – 20 Uhr, Winter: Mo – So 9 – 22 Uhr | **Tipp** Selbstverständlich bietet auch das Essener Stadion in der Hafenstraße regelmäßig Spitzensport. Schließlich ist es die Heimstätte von Rot-Weiss Essen.

67 __ Das Panzerbau-Gelände
Statt Tiger nur noch Hunde

Es gehört zu einem dieser ruhmlosen Kapitel der Essener Geschichte, über die man lieber den Mantel des Schweigens wirft – das Panzerbau-Gelände in Borbeck. Dabei war sein Name Programm; gefertigt wurden hier wichtige Bauteile für Kriegsfahrzeuge, wie für die Panzer Tiger I und II. Offiziell hieß das Areal damals »Panzerbau 3« und war nur eine von mehreren Werkstätten, die als Zulieferer für die Hauptproduktionsstätte in Kassel arbeiteten. In Essen waren es vor allem die Fahrzeugwannen und Panzertürme, die von der Firma Krupp gegossen wurden.

»Panzerbau 3« zog man ab 1941 in aller Schnelle mitten im Zweiten Weltkrieg hoch, wobei man neben den über 200 Meter langen Fabrikationshallen auch unterirdische Fertigungsstätten anlegte. Die Arbeitskräfte bei der Panzerherstellung waren dabei zum Teil ausländische Zwangsarbeiter. 1944 endete durch alliierte Bombardements die Geschichte des hiesigen Panzerbaus. Die oberirdischen Anlagen wurden zurückgebaut, das Gelände lag brach. Als man Anfang der 1960er Jahre schließlich mit dem Bau der U-Bahn-Tunnel in der Essener Innenstadt begann, nutzte man die Fläche und schüttete den Aushub zu einer Halde auf.

Dann übernahm die Natur und breitete sich auf dem Gebiet aus. Ein kleiner Wald entstand und wurde schnell von den Bürgern als neue Naherholungsfläche genutzt. Als die Stadt Essen das Gelände 1981 für vier Millionen Mark kaufte und zu einem Gewerbegebiet umbauen wollte, regte sich daher auch schnell Widerstand in der Bevölkerung. Es kam zu Protesten, Demonstrationen und Bürgerinitiativen, und schließlich gab die Stadt ihr Vorhaben auf. Nun ist aus dem im Volksmund einfach nur »Panzerbau« genannten Areal ein von Fußwegen durchzogener Rückzugsraum geworden.

Auf Tiger stößt man beim Gassigehen mit seinem Hund nicht mehr – jedoch hier und da mal auf erhaltene Fundamente und Betonplatten.

Adresse Weidkamp Höhe Grasstraße, 45356 Essen-Borbeck-Mitte | **EVAG** Bus 166, Haltestelle Neuköln | **Tipp** Entlang der Straße Schacht Neu-Cöln zieht sich ebenfalls eine Grünanlage mit Spielplätzen. Sie grenzt im Südosten an den Park in der Flandernstraße.

68 Die Papiermühlenschleuse
Trockengelegt, versenkt, verschüttet, ausgegraben

Sie war eine von 16 Schleusen, die ab dem 18. Jahrhundert die Ruhr schiffbar machten – die Papiermühlenschleuse im Löwental. Friedrich II. von Preußen erkannte, dass nur durch diesen Ruhrausbau ein wirtschaftlich sinnvoller Transport der geförderten Kohlen runter an den Rhein möglich war. Durch die Schleusen wurde das Zeit und Geld kostende ständige Umladen des schwarzen Goldes überflüssig. So ließ Johannes Hellersberg, damals Abt des Werdener Klosters, im Auftrag des »Alten Fritz« von 1777 bis 1778 die Papiermühlenschleuse errichten. Sie trug dazu bei, dass die Ruhr der damals meistbefahrene Fluss Europas war. Die hohe Schiffsfrequenz führte auch zu der Erneuerung im Jahre 1834. Dieser Neubau war die erste auf einem Betonfundament ruhende Schleuse im Ruhrgebiet.

Als 1933 der Baldeneysee fertiggestellt war und flussaufwärts die Ruhr aufstaute, fiel der Wasserspiegel unterhalb des Sees so weit ab, dass die Schleuse beinahe trockenfiel. Daher legte man sie tiefer, um den zum Schleusen benötigten Wasserstand zu gewährleisten.

Mit der Fertigstellung des flussabwärts gelegenen Kettwiger Stausees 1950 regulierte sich dann der Wasserstand erneut und stieg um zwei Meter an. Plötzlich versank die Schleuse in der Ruhr. Da der Fluss zudem nun eine gleichbleibende Wassertiefe zwischen den Stauseen bildete, war die Anlage nicht nur überflüssig, sondern stellte auch eine Gefahr für die Schifffahrt dar. Also schüttete man sie komplett zu.

Da das Schleusenwärterhaus erhalten blieb und man es 1987 mit der gesamten Anlage unter Denkmalschutz stellte, grub man die Schleuse wieder aus. Sie wurde fachmännisch restauriert und in ihren historischen Zustand zurückversetzt. Auch die Verbindung zum Unterwasser wurde wiederhergestellt, sodass sie mittlerweile wieder Wasser führt. Der erhalten gebliebene alte Leinpfad unterstreicht nun den musealen Wert der Anlage.

Adresse Schleuse, 45239 Essen-Werden | **EVAG** Bus 169, 180, 181, 190, SB 19, Haltestelle Essen-Werden | **Tipp** Die Ruhraue im Löwental lädt zum Verweilen ein. Jedes Jahr zu Pfingsten findet dort ein großes Open-Air-Festival statt.

69 Der »Parkour«-Parcours
Trendsport-Trainingsgelände im Krayer Volksgarten

Man kennt solche Szenen aus Action- und Kung-Fu-Filmen: Der Held springt über Hausdächer, rennt Wände hoch, um mit einem Salto hinter seinem Gegner zu landen, oder meistert bei Sprinteinlagen jegliches nur denkbare Hindernis. Seit ein paar Jahren beobachtet man ebenjene waghalsigen Manöver auch im Bereich des Trendsports. »Parkour« nennt sich die Disziplin, die Kraft, Ausdauer, Geschick, Mut und motorische Fähigkeiten fordert. Dabei ist Parkour keineswegs eine Adaption aus Actionfilmen, sondern findet seinen Ursprung bereits Anfang des 20. Jahrhunderts in Frankreich.

Jüngst wurde eine entsprechende Trainingsanlage im Krayer Volksgarten installiert. Ob Pflöcke im Boden, einfache Bordsteinkanten oder eben ganze Wände und Geländer – geboten wird so ziemlich alles, was auch in der urbanen Stadtlandschaft als »Sportgerät« herhalten kann.

Betreut wird die Anlage vom Sportverein »MTG Horst«, der auch entsprechende Kurse anbietet. Denn eine vernünftige Anleitung ist notwendig, um das Verletzungsrisiko gering zu halten – »Parkour« ist ein Sport, der zwingend die richtige Technik und viel Übung verlangt. Und für diejenigen, die ihre Fortbewegungsfertigkeiten auch auf Rollen trainieren wollen, entstand direkt neben dem »Parkour«-Parcours eine Halfpipe und eine Skatebahn. Des Weiteren bietet der Krayer Volkspark eine Minigolfanlage.

Selbst jene mit weniger sportlichem Tatendrang kommen auf der circa zehn Hektar großen Grünanlage auf ihre Kosten. Zwei Teiche, ein wertvoller Baumbestand mit exotischen Gehölzen wie zum Beispiel der »Kaukasischen Flügelnuss« und das hügelige Areal verleihen dem Krayer Volkspark einen ganz eigenen Charakter. Aber auch die Trendsporttrainingsanlage trägt zu seiner Beliebtheit bei. Streng genommen liegt der Park schon auf Leither Gebiet, aber dank der richtigen »Parkour«-Technik gelangt man ja ganz schnell nach Kray.

Adresse Ottostraße, 45307 Essen-Leithe | **EVAG** Bus 170, Haltestelle Ottostraße | **Tipp** In der Ottostraße finden sich noch alte Arbeiterhäuser der Zeche Bonifacius. Sie stammen aus dem Jahre 1905.

70 Das Pegelhaus
Vom Spillenburger Wehr bis zur Zornigen Ameise

Eigentlich ist es ein eher unscheinbares Gebäude am Wegesrand. Es wirkt verwittert und aus längst vergangenen Tagen. Doch der Eindruck trügt, denn in dem kleinen Pegelhaus steckt modernste Technik. Betreut vom Ruhrverband, ist es mehr als nur eine simple Wasserstandsanzeige der Ruhr. Hier wird auch die Durchflussmenge gemessen und für den Spaziergänger angezeigt, und das kommt nicht von ungefähr, sondern ist historisch bedingt.

Im frühen 20. Jahrhundert fürchtete man nämlich, dass man bei Niedrigwasser der Ruhr die Trinkwasserversorgung im Ruhrgebiet nicht gewährleisten könne. So erbaute man ab 1929 Rückpumpwerke, die den Fluss hätten rückwärts fließen lassen können, indem sie Wasser aus dem Rhein die einzelnen Staustufen hochpumpten. Das Spillenburger Rückpumpwerk war, von der Mündung aus gesehen, das vorletzte in der Kette von insgesamt acht Werken, und nun ist auch klar, warum man hier stets die Wasserdurchlaufmenge der Ruhr messen musste.

Das gesamte Areal flussauf- und -abwärts des Pegelhauses erzählt Geschichte. Da wären zum Beispiel die beiden aufeinanderfolgenden Stahlfachwerkbrücken der ehemaligen Bahnstrecke von Steele-Süd nach Rüttenscheid aus dem Jahre 1930, die ins Fuß- und Radwegenetz integriert wurden. Oder das Spillenburger Wehr selbst mit seiner Schleusenanlage. Flussabwärts stößt man dann auf die »Zornige Ameise«. Aus der ehemaligen Glashütte mit Brauereibetrieb von 1778 entwickelte sich ein beliebtes Ausflugslokal. Den Namen verdankt die Gaststätte angeblich dem Gemüt der ursprünglichen Besitzerin.

Das Spillenburger Rückpumpwerk kam übrigens so gut wie nie zum Einsatz. Spätestens als man 1965 die Biggeseetalsperre fertigstellte und der Zufluss der Ruhr gezielt kontrolliert und die Wasserversorgung garantiert werden konnte, wurde es überflüssig. Das Pegelhaus erfüllt jedoch noch immer seine Aufgabe als Messstation.

Adresse Westfalenstraße, 45136 Essen-Bergerhausen | **EVAG** Bus 194, Haltestelle Kunstwerkerhütte | **Tipp** Richtung Ruhrallee laufend, stößt man auf die ehemalige Dinnendahl'sche Fabrik, die nun Loftwohnungen beherbergt. Flussaufwärts hingegen liegt das Steeler Freibad.

71 Das Personaltor
Gottfried Wilhelm überall

Es ist ein Relikt vergangener, ruhmreicher Zeiten. Das Personaltor stellt das einzige noch verbliebene Bauwerk auf dem ehemaligen Gelände der Zeche Gottfried Wilhelm dar. Doch obwohl man ihre Betriebsgebäude bereits in den 1970er Jahren abriss, würde die Zeche selbst ohne das Personaltor nicht so schnell in Vergessenheit geraten – denn man stößt in der Umgebung immer wieder auf Reminiszenzen an das Bergwerk. Da wäre zum Beispiel die Gottfried-Wilhelm-Straße in unmittelbarer Nähe, die man nach dem Zechengründer Gottfried Wilhelm von Waldthausen benannte. Oder die zeitgleich zur Zechenanlage erbaute gleichnamige Wohnsiedlung, die noch immer durch ihre reizvolle Architektur besticht. Und dringt man in den benachbarten Schellenberger Wald ein, stößt man auch dort auf Erinnerungsstücke – eine am Wegesrand abgestellte Lore, eine kleine, überwucherte Abraumhalde und die verschlossenen Schachtzugänge.

Im Schellenberger Wald begann dann auch die Geschichte der Zeche Gottfried Wilhelm. Als das sogenannte »Elend im Walde« kämpfte sie zeit ihres Lebens gegen widrige Förderbedingungen. Dennoch nahm man bei Betriebsbeginn 1909 auch Rücksicht auf die Umwelt. So war es das erste Bergwerk, das komplett elektrifiziert arbeitete und ohne Dampfmaschine fördern konnte. Zudem baute man die Aufbereitungsanlagen statt direkt neben die Schächte circa 1,5 Kilometer entfernt an die jetzige Frankenstraße – dorthin, wo nun nur noch das Personaltor an das alte Gelände erinnert. Über eine Drahtseilbahn überbrückte man die Distanz beider Betriebsstätten.

Das im Jugendstil erbaute Personaltor war, wie der Name schon andeutet, das Eingangsportal für die Arbeiter der zecheneigenen Brikettfabrik und der Aufbereitungsanlage. Durch eine Schenkung konnte es gerettet und durch die tatkräftige Hilfe ansässiger Handwerksbetriebe aufwendig restauriert werden.

Adresse Frankenstraße Höhe Finefraustraße, 45134 Essen-Rellinghausen | **EVAG** STR 105, Haltestelle Finefraustraße | **Tipp** In der ehemaligen Rübezahlschule mitten in der als Gartenstadt konzipierten Gottfried-Wilhelm-Kolonie befindet sich das Kunsthaus Essen. Ein Besuch lohnt.

72 Das Pestalozzidorf
Wohnen und Arbeiten für Waisen

Während der Napoleonischen Kriege von 1807 bis 1812 gründete der Schweizer Reformpädagoge Johann Heinrich Pestalozzi erste Kinder- und Jugenddörfer, um Kriegswaisen ein neues Zuhause zu bieten. Nach dem Zweiten Weltkrieg griff man das Konzept auch im Ruhrgebiet auf, zumal es hier an jungen Arbeitskräften fehlte. Indem man die Waisen in Zechennähe in ausgewählten Familien unterbrachte, schuf man ihnen eine neue Perspektive und wirkte gleichzeitig dem Arbeitermangel entgegen.

Erste Pestalozzidörfer baute man ab 1950 in Dinslaken und Bochum, das Katernberger folgte dann 1953. In unmittelbarer Nähe der Zeche Zollverein gruppierte man die Häuser dorfähnlich rund um eine Wiese. Allein durch die Anordnung der Gebäude sollten sie Schutz und Sicherheit suggerieren. Wie im bergmännischen Siedlungsbau üblich besaßen auch diese Häuser Nutzgärten. Im Obergeschoss wohnten bis zu sechs elternlose Kinder oder Jugendliche, während im Erdgeschoss die Betreuerfamilie lebte. Mit pädagogischer Hilfestellung fanden so die Waisen zurück ins Familienleben und konnten soziale und berufliche Erfahrungen sammeln. Gemeinsam festgelegte Regeln und selbst organisierte Aktivitäten ließen die Dorfbewohner zu einer festen Gemeinschaft zusammenwachsen.

Das Konzept ging zunächst auf, und man konnte bis zu 30 »Pestalozzifamilien« in insgesamt 15 solcher Doppelhäuser unterbringen. Bis 1957 entstanden so im gesamten Ruhrgebiet 22 Pestalozzidörfer. Doch dann setzte die Kohlekrise und damit das Zechensterben ein, und die Nachfrage nach neuen Arbeitskräften sank quasi auf null – und somit auch das Interesse, weitere solcher betreuten Kinder- und Jugenddörfer zu schaffen.

Das Katernberger Pestalozzidorf steht in seiner komplett erhaltenen Struktur mittlerweile unter Denkmalschutz. Die historischen Häuser beherbergen nun jedoch Mietwohnungen oder sind in Privatbesitz.

Adresse Im Grund, 45327 Essen-Katernberg | **EVAG** STR 107, Haltestelle Abzweig Katernberg | **Tipp** Ganz ohne Weltkulturerbe soll auch dieses Buch dann nicht sein: Die Zeche Zollverein ist nicht fern und sollte erforscht werden. Auf dem Weg dorthin kommt man zudem an dem sehenswerten Dortmannhof am Pestalozziweg vorbei. Das Hofgebäude stammt noch aus dem 18. Jahrhundert.

73 Die polizeihistorische Sammlung

Dein Freund und Helfer mit Sammelleidenschaft

Einen passenderen Ort für eine solche Sammlung hätte man nicht wählen können. Denn untergebracht ist das museale Kleinod in dem geschichtsträchtigen Gebäude der alten Polizeischule. Hier wurde schon seit den 1930er Jahren im Polizeidienst ausgebildet, und noch immer ist das riesige Gelände in Behördenhand. Es wird heute unter anderem zur Stationierung von Hundertschaften und zu Übungszwecken genutzt. Seit 2010 befindet sich hier auch die polizeihistorische Sammlung. Betreut wird sie von Polizeibeamten, die in der Vereinigung »International Police Association« (kurz IPA) aktiv sind. Sämtliche ausgestellten Stücke stammen aus ihrem Privatbesitz. Durch die Sammelleidenschaft der Vereinsmitglieder konnte eine beachtliche und facettenreiche Ausstellung realisiert werden.

Die Raritäten stammen nicht nur aus Deutschland, sondern aus der ganzen Welt: ob eine Uniform eines kanadischen Mounties, Sheriffsterne und Dienstmarken aus den USA oder der mit Leopardenfell überzogene Helm aus dem ehemaligen Zaire. Unter den Kopfbedeckungen findet sich auch das älteste der Ausstellungsstücke – ein sogenannter Tschako aus dem Jahre 1820. Von alten Steckbriefen und Fahndungsfotos über eine große Sammlung von Tschakos und Pickelhauben bis hin zu Großgeräten, wie einer alten Telefonzentrale – hier schlägt das Nostalgikerherz schneller.

Gegliedert ist die Sammlung in verschiedene historische Abschnitte, darunter die preußische Zeit und die deutschen Kriegs- und Nachkriegsjahre. In einem weiteren Raum wird zudem die Polizeigeschichte der DDR beleuchtet.

Authentisch wird die Sammlung auch durch die hier tätigen Ehrenamtler. Als aktive und ehemalige Polizeibeamte wissen sie ganz viel aus dem Nähkästchen zu berichten und nehmen sich für die Besucher entsprechend Zeit.

Adresse Norbertstraße 165, Anfahrt über Beckmannsbusch 7, 45133 Essen-Bredeney, www.ipa-essen.de/museum | **EVAG** Bus 142, Haltestelle Polizeischule | **Öffnungszeiten** nur nach Voranmeldung unter heinz.zengeler@gmx.de und Tel. 0175/4534700 | **Tipp** Entlang des Beckmannsbuschs verläuft ein kleines Waldgebiet, das im Adelskampsbusch endet. Auch die beiden Quellen des Borbecker Mühlenbachs befinden sich links und rechts des Weges.

74 Das Projekt ZKE
Schacht Emil und die Kunst

Die Abkürzung ZKE steht für zweierlei. Zum einen für Zeche Königin Elisabeth, womit direkt geklärt wäre, wo sich das Projekt ZKE einquartiert hat – nämlich auf dem Gelände des 1966 stillgelegten Bergwerks. Genauer gesagt in dem 1912 vom Architekten Alfred Fischer errichteten Betriebsgebäude des Schachtes Emil. Der Backsteinkomplex vereinte damals Waschkaue, Verwaltung und Fördermaschine unter einem Dach.

Zum anderen steht das Kürzel aber auch für »Zusammen Kunst Erleben« und deutet somit schon an, was sich mittlerweile alles unter dem Dach des Zechengebäudes vereint – verschiedenste Kunstrichtungen, kreativer Austausch und soziales Miteinander. Das Projekt ZKE versteht sich als Kultureinrichtung und bringt Kunstinteressierte und Kreative zusammen – ob bei Konzerten, Lesungen oder Theaterstücken auf den eigenen Bühnen oder bei Vernissagen, Happenings und Ausstellungen in den Kunsträumen.

Zwei große Galerien bilden den Schwerpunkt des Projekts. Dort stellen namhafte Essener Künstler zusammen mit noch unbekannten Nachwuchstalenten gemeinsam aus. Wobei Letztere durchaus in den eigenen Räumlichkeiten entdeckt werden. Denn das Projekt ZKE bietet mit der Großen und der Kleinen Malschule Erwachsenen und Kindern die Möglichkeit, sich in der Kunst auszuprobieren, zu entfalten und zu entwickeln.

Einzigartig ist auch, dass immer wieder die Kinderprojekte aus der Kleinen Malschule in die Ausstellungen der Großen integriert werden. So hat sich die Zeche Königin Elisabeth zu einem vorbildhaften Quartier für Kreative und Künstler entwickelt. Dabei war der Abriss der Zeche schon beschlossene Sache. Doch ein Investor rettete das Gebäude, renovierte es aufwendig und stellte es dem Künstlerehepaar Bednarek unter der Bedingung zur Verfügung, dass sie es kulturell beleben. Mit der Gründung des Projekts ZKE im Jahre 2001 ist ihnen das meisterlich gelungen.

Adresse Elisabethstraße 31, 45139 Essen-Frillendorf, www.projekt-zke.de | **EVAG** Bus 155, Haltestelle Kumpelweg | **Öffnungszeiten** abhängig von Kurs, Vernissage et cetera, bitte Homepage beachten | **Tipp** Jenseits der Bahnlinie befindet sich noch der Schacht Wilhelm der Zeche Königin Elisabeth. Auf dem Gelände ist die Bergbauforschung GmbH untergebracht. Es ist jedoch nicht zugängig.

75 Der Radarturm
Wetter für Deutschland

Mit Wetter kennt man sich im Ruhrgebiet aus. Über Jahrzehnte prägte der Begriff die Arbeitswelt unter Tage, wenn es um die Luftversorgung ging. Werden heute Wettervorhersagen gemacht, dann beruhen diese Prognosen auf den Messungen der präzisen Anlagen auf dem Gelände des Essener Wetteramts. Ins Auge fällt dabei der Radarturm, der die umliegenden Gebäude überragt. Genau genommen ist er ein Niederschlags-Radarturm und somit eher für schlechtes Wetter zuständig. Denn im Zusammenschluss mit deutschlandweit 17 weiterer solcher Stationen bildet er das einzige Messverfahren aus, das es erlaubt, flächendeckend den Niederschlag der gesamten Republik zu messen.

In der Praxis sieht das so aus, dass die Antenne auf dem Turm Radarstrahlen aussendet und dann die von den Wolken zurückgeworfene Strahlung auffängt und analysiert. Zusammen mit anderen Daten entsteht so ein meteorologisches Bild. Doppler-Dual-Polarisationstechnik nennt man dieses durch den Verbund der Radarstationen angewandte Verfahren. Es gilt als das weltweit modernste seiner Art.

Dabei begann die Geschichte der Essener Meteorologie ganz bescheiden 1913 mit einem ersten Observatorium. 1952 gründete sich dann der Deutsche Wetterdienst, und das hiesige »Wetteramt Essen« entstand. An den jetzigen Standort an der Wallneyer Straße zog man schließlich 1965. Der mit Messtechnik vollgestopfte Radarturm wurde allerdings erst 2010 eingeweiht.

Doch als Regionalzentrale des Deutschen Wetterdienstes für Nordrhein-Westfalen bietet das Gelände neben dem Turm noch mehr. Zum Beispiel startet hier alle zwölf Stunden voll automatisiert ein Wetterballon, der ausgestattet mit einer Radiosonde bis in die Stratosphäre in 35 Kilometer Höhe steigt. »Aerologische Auftriebsstation« heißt das in Fachkreisen. Als eine von bundesweit nur fünf solcher automatischen Stationen gilt sie wohl als Rarität.

Adresse Wallneyer Straße 10, 45133 Essen-Schuir | EVAG Bus 142, Haltestelle Wetteramt | Öffnungszeiten nur von außen zu betrachten | Tipp In der Meisenburgstraße 255 residiert seit mittlerweile über 20 Jahren das »Road Stop«. Hinter dem Parkplatz des American Restaurants steht auf einem Feld eine unter Naturschutz stehende Bismarck-Eiche.

76 — Der Raum der Stille
Meditation in Blau

Dieser Raum lädt zum Verweilen ein. Zum Verweilen und zum Innehalten. Egal, ob man einfach mal den Kopf abschalten und dem Trubel entgehen oder seine Gedanken frei von extrinsischen Impulsen in neue Bahnen lenken will. Der Raum der Stille bietet die Möglichkeit, seine innere Balance zu suchen. Die spartanische Neutralität fokussiert die Sinne, lenkt nicht ab. Und dennoch ist es auch genau diese architektonische Schlichtheit, die dem Raum diese mystische und faszinierende Stimmung verleiht.

Decke, Wände und Boden wirken wie aus einem Guss, da sie fugenlos ineinander übergehen. Unter der sieben Meter hohen Decke des 135 Quadratmeter großen Raumes schwebt ein nach unten offener, riesiger Kubus. Während seine Außenseite mit der glatt verputzten Fläche sich des gleichen Materials wie der Raum bedient, ist er innen komplett mit Titan-Lamellen verkleidet, die von einem blauen Deckenlicht angestrahlt werden. Der farbliche Akzent wirkt unterstützend auf die Entspannung. Laut Farbenpsychologie vermittelt Blau Ruhe und fördert sogar die Sprachfähigkeit und das klare Denken. Kubische Hocker greifen in ihrer Form das Design des Raumes auf. Sie lassen sich versetzen und laden ein, den Raum aus immer neuen Perspektiven zu betrachten und somit vielleicht auch seinen eigenen Zielen und Projekten einen neuen Blickwinkel zu geben.

Entworfen wurde der Raum der Stille durch das Kölner Architekturbüro JSWD im Auftrag der ThyssenKrupp AG. Konzipiert als überkonfessioneller Ort, befindet er sich im Konferenzgebäude Q2 des ThyssenKrupp Hauptquartiers und soll Mitarbeitern und Gästen als Stätte der Meditation und der inneren Einkehr dienen. Dabei bleibt es jedem selbst überlassen, ob er den Raum für sich allein nutzt oder eines der Gruppenangebote wahrnimmt. Denn die ThyssenKrupp AG bietet ihren Mitarbeitern und Firmengästen Qigong- und Meditationskurse im Raum der Stille an.

Adresse ThyssenKrupp Allee 1, 45143 Essen-Westviertel | **EVAG** STR 101, 103, 105, 109, Haltestelle ThyssenKrupp | **Öffnungszeiten** öffentliche Führungen siehe Ankündigung in der Tagespresse | **Tipp** Mitten auf dem Gelände des ThyssenKrupp Hauptquartiers befindet sich ein altes Fachwerkhaus. Es handelt sich um das alte Stammhaus der Familie Krupp, der es unter anderem als Wohnsitz diente.

77 Die Residenzaue
»Grüne 14« und die Dubois-Arena

Die Residenzaue in Borbeck war die erste Naherholungsfläche, die im Rahmen des Stadtverschönerungsprojekts »Grüne 14« verwirklicht wurde. Das Projekt rief die Stadt 1975 ins Leben, um den Essener Norden durch die Schaffung von Grün- und Erholungsflächen aufzuwerten. Nach der Bundesgartenschau 1965 in der Gruga wurde zunächst überlegt, sich auf eine neue Gartenausstellung zu bewerben und ein entsprechendes Areal im Norden herzurichten. Doch statt nur eine einzige große Fläche zu gestalten, entschied man sich, viele kleinere, nämlich genau 14, Grünanlagen zu schaffen. Sie sollten sich auf das nördliche Stadtgebiet verteilen und somit allen Bürgern eine nahe Erholungsfläche bieten.

Die Residenzaue stellt nun eine Verbindung zwischen dem Borbecker Bahnhofsbereich und dem Borbecker Schloss her. Vor allem der fast 5.000 Quadratmeter große Teich hat einen hohen Erholungswert. Aber auch die Dubois-Arena am Rande der Aue lockt immer wieder mit Veranstaltungen. Einst war sie eine Freiluftboxarena, in der selbst Größen wie Max Schmeling zu Kämpfen antraten. Circa 25.000 Besucher fasste die Arena, die 1948 vom hiesigen Boxclub und dessen Gründungsmitglied Ernst Dubois erbaut worden war. 1968 nutzte man sie neben der Grugahalle zudem als Spielstätte der »Internationalen Essener Songtage«, dem bis dato größten Musikfestival Europas. Die frühere Rundtribüne der Dubois-Arena steht nun noch als Halbrund, den Boxring ersetzte man durch eine überdachte Bühne.

Im Laufe der über 40 Jahre war die Uferböschung des großen Teichs vor allem durch Wellenschlag abgerutscht und arg in Mitleidenschaft gezogen worden. Im Zuge des neuen Stadtbegrünungsprojekts »Neue Wege zum Wasser« nahm man sich 2008 daher der Residenzaue erneut an. Fachmännisch stellte man den Gewässerrand wieder her und ersetzte die alten Stege. Nun glänzt die Residenzaue wieder in neuer Pracht.

Adresse Residenzaue, 45355 Essen-Borbeck-Mitte | **EVAG** STR 103, Haltestelle Schloss Borbeck | **Tipp** Der angrenzende Borbecker Schlosspark verlängert die Grünanlage nach Südwesten hin. Er gilt als eine der ältesten Parkanlagen des Rheinlands und weist entsprechend alten Baumbestand auf.

78 Das Rotkreuz-Museum
Lazarett-Zug und Erste-Hilfe-Fibel

Der Genfer Kaufmann Henry Dunant gilt als Gründer der internationalen Rotkreuz- und Rothalbmondbewegung. Als er auf einer Geschäftsreise 1859 die Schrecken des Sardinischen Krieges und die Unterversorgung verletzter Soldaten miterlebte, richtete er kurzerhand ein Hospital ein und leistete Erste Hilfe. Seine daraus entstandene Idee, ein internationales Hilfswerk zur Verbesserung der Lage Verwundeter zu gründen, wurde 1864 in der Ersten Genfer Konvention festgehalten. Nach und nach gründeten sich entsprechende Hilfsorganisationen. Diese fasste man 1921 zu der heutigen Struktur des »Deutschen Roten Kreuzes« zusammen.

Um diese spannende Geschichte zu dokumentieren, gründete unter anderem der Essener Kreisverband im Jahr 1990 ein Rotkreuz-Museum. Auf über 200 Quadratmeter Ausstellungsfläche trug man circa 5.000 Exponate zusammen. Angefangen mit historischen Schätzen, wie einer Erste-Hilfe-Fibel aus dem Jahre 1885 und dem Nachbau eines Lazarett-Zugs aus dem Ersten Weltkrieg, bis hin zu modernen medizinischen Geräten bildet das Museum anschaulich ab, wie sich das Rettungswesen in den über 150 Jahren seit Henry Dunant entwickelt hat.

Dabei richtet sich der Blick vor allem auf die interne Historie des hiesigen DRKs und die geschichtliche Situation in Essen.

In Vitrinen befinden sich Urkunden, Fotografien und Zeitungsartikel; zusammen mit Anstecknadeln, Fahnen und alten Orden belegen sie unter anderem, wie sich der Kreisverband aus ehemals eigenständigen Kolonnen zusammensetzte. Aber auch eine alte Fernmeldezentrale, ein Inkubator aus den 1950er Jahren und die ersten tragbaren Defibrillatoren werden im Rotkreuz-Museum ausgestellt. Ob alte Dienstkleidung oder eine Fahrradtrage – die nostalgische Komponente der Ersten Hilfe kommt nicht zu kurz. Selbst ein nachgebauter Feld-OP samt dem dazugehörigen Operationsbesteck steht bereit.

Adresse Hachestraße 32, 45127 Essen-Stadtkern, www.museum.drk.de | **EVAG** sämtliche Busse und Bahnen bis Haltestelle Essen Hauptbahnhof | **Öffnungszeiten** Di, Do 9.30–12 Uhr sowie nach Vereinbarung | **Tipp** Die Essener Innenstadt ist fußläufig erreichbar. Die Limbecker Straße gilt als Vorläufer der Fußgängerzone und war die erste »fahrverkehrsfreie« Einkaufsstraße Deutschlands.

79 __ Der RS 1

Von Stadt zu Stadt auf dem Rad-Highway

Dass alte Bahntrassen zu Radwegen umgebaut werden, ist im Ruhrgebiet mittlerweile ja durchaus üblich. Bereits jetzt existiert ein dichtes Netz an Fahrradrouten, über die die Region erfahrbar wird. Derzeit dienen diese Strecken vorwiegend touristischen Zwecken, dem Radwandern und der Naherholung. Neu ist jedoch das Konzept eines Radschnellwegs, der ähnlich einer Autobahn Gemeinden und Städte miteinander verbindet und vor allem Berufspendlern eine Alternative zu den verstopften Straßen bieten soll.

Der RS 1 ist der erste seiner Art, der den kompletten Ballungsraum Ruhrgebiet von West nach Ost über rund 100 Kilometer verbinden wird. Bereits fertiggestellt ist das Teilstück beginnend an der Essener Universität und der Mülheimer Stadtmitte. Das Konzept ähnelt dem einer Autostraße insofern, als dass ein weitgehend kreuzungsfreier Verlauf, breite Fahrbahnen, teilweise Abendbeleuchtung und Winterdienst dafür Sorge tragen, dass der Verkehr relativ zügig fließen kann.

Der RS 1 ist also ein Rad-Highway, wobei »high« durchaus auch im wörtlichen Sinne »hoch« verstanden werden darf. Denn immerhin führt er zum Großteil über alte Bahntrassen und liegt somit weit über dem normalen Straßenniveau. Für den im November 2015 eröffneten, circa fünf Kilometer langen Teilabschnitt nach Mülheim nutzte man die ehemalige Streckenführung der Rheinischen Bahn. Mit der »Köln-Mindener« und der »Bergisch-Märkischen« zählte die »Rheinische« zu den drei großen Eisenbahngesellschaften im Ruhrgebiet und dem Rheinland. Da der Personenverkehr auf dieser Strecke jedoch nie hohen Stellenwert besaß, legte man mit dem Untergang der Kohleindustrie bereits 1959 das Teilstück zwischen Essen und Mülheim still.

Als Abschnitt des Radschnellwegs hat die Trasse somit endlich eine neue, sinnvolle Bestimmung gefunden, wobei unter anderem alte Signalanlagen als Erinnerung am Streckenrand belassen wurden.

Adresse diverse Einstiege; unter anderem an der Universität, Meyer-Schwickerath-Straße, 45127 Essen-Westviertel | **EVAG** STR 101, 103, 105, 106, Bus 145, 169, Haltestelle Rheinischer Platz | **Tipp** Zwischen Uni und Stadtkern ist im Zuge der Entstehung des »Krupp-Gürtels« eine kleine Freizeitanlage mit Spielplatz und künstlichen Gewässern entstanden. Sie lädt zum Flanieren in direkter Innenstadtnähe ein.

80 Der Ruderalpark
Pflanzen sich selbst überlassen

Unter Ruderalvegetation versteht man jene Pflanzen, die Pionierarbeit leisten und von Menschen geschaffenes, aber zurückgelassenes Terrain erobern. Die Birke ist eine solche ruderale Baumart und findet sich daher häufig auf den Haldenlandschaften des Ruhrgebiets. Aber auch die Nachtkerze und die Goldrute zählen zu den Pflanzen, die den Hinterlassenschaften der Menschheit trotzen.

Der alte Rangier- und Sammelbahnhof in Dellwig ist ein solcher Ort, den sich Birke, Nachtkerze, Goldrute und Co zu eigen machen. Und das bereits seit über 50 Jahren, denn der Bahnhof wurde mit dem Untergang der Schwerindustrie, die ihn hauptsächlich nutzte, bereits in den 1960er Jahren stillgelegt und liegt seitdem brach. Das 40 Zentimeter dicke Schotterbett und die von Waggons gefallenen Kohlen, Schlacken und Erze ließen den Boden stark austrocknen, sodass sich über Jahrzehnte eine fast steppenartige Vegetation ausbildete.

Erst 1998 kaufte der Regionalverband Ruhr das 25 Hektar große Areal und entschied, alles so zu belassen, wie es ist. Zumindest was die Natur angeht. Die zahlreichen Gleise entfernte man und gestaltete die entstandenen Schneisen zu Rad- und Fußwegen um. Mit Aussichtsplattformen und Skulpturen ergänzte man schließlich die Grünanlage und ließ zudem einige Relikte des alten Güterbahnhofs bewusst stehen, zumal sie teilweise schon von der Natur beansprucht wurden.

»Gleispark Frintrop« heißt dieses Naturrefugium nun offiziell, obwohl es sich in Dellwig befindet. Neben der Fauna stellt es auch für viele und vor allem seltene Kleintiere und Vogelarten einen wertvollen Lebensraum dar. Der Park gilt als einer der artenreichsten Standorte des Ruhrgebiets. Die benachbarte Biologische Station im Haus Ripshorst bietet daher regelmäßig naturkundliche Exkursionen durch den Ruderalpark an. Das Informationszentrum selbst liegt allerdings schon auf Oberhausener Stadtgebiet.

Adresse Dellwiger Straße Ecke Wertstraße, 45357 Essen-Dellwig | **EVAG** STR 103, Bus 185, Haltestelle Wertstraße | **Tipp** Der Läppkes Mühlenbach unterquert zwar kanalisiert den Ruderalpark, fließt aber vor- und nachher durch ein renaturiertes Bachbett.

81 Die Sauer-Orgel
Pfeifenschmuckstück im Bergmannsdom

Wilhelm Sauer war einer der Besten seines Fachs. Ansässig in Frankfurt an der Oder, war er unter anderem Königlicher Hof-Orgelbaumeister Preußens. Er schuf zahlreiche wahrlich meisterhafte Instrumente, die nicht nur durch den einzigartigen Klang, sondern auch durch ihr Aussehen zu überzeugen wussten. Eine dieser wunderschönen Orgeln fand auch ihren Weg nach Katernberg.

Als man 1900 die noch heute größte evangelische Kirche in Essen, den mittlerweile sogenannten Bergmannsdom, errichtete, musste auch eine angemessene Orgel her. Mit dem Exemplar aus der Sauer'schen Fabrikation ergatterte man dabei nicht nur ein wahres Schmuckstück, mit einem Kaufpreis von 10.500 Mark war das edle Instrument zudem verhältnismäßig günstig. Gebaut im Jahre 1901 und offiziell »Opus 846« benannt, besaß die Sauer-Orgel ursprünglich 29 Register. Insgesamt wurden 1.629 einzelne Orgelpfeifen verbaut. Die Schöpfbälge, die sie mit der benötigten Luft versorgen, wurden einst von Balgtretern, den sogenannten Kalkanten, durch pure Muskelkraft bedient. Die mechanische Vorrichtung hierfür ist noch immer erhalten und funktionstüchtig. Jedoch erfolgt die Windversorgung der Orgel seit dem Anschluss der Kirche ans öffentliche Stromnetz im Jahre 1910 auf elektrischem Wege.

Im Laufe der Jahrzehnte erfuhr die Orgel zahlreiche Umbauten und Erweiterungen – beispielsweise wurden Register ergänzt, verändert oder gar entfernt. Ihr äußerliches Erscheinungsbild hat sich in all der Zeit jedoch nicht verändert. So versprüht der eindrucksvolle Prospekt aus dunkel gebeiztem Kiefernholz noch heute den nostalgischen Charme der Jahrhundertwende. Und um den unverwechselbaren Klang der Sauer-Orgel dauerhaft zu erhalten, läuft seit 2006 eine etappenweise Restaurierung, deren Finanzierung durch Privatmittel erfolgt. Um sie endgültig abschließen zu können, bedarf es weiterhin der Spendenbereitschaft der Bevölkerung.

Adresse Katernberger Markt 2–4, 45327 Essen-Katernberg, www.sauerorgel-bergmannsdom.de | **EVAG** STR 107, Haltestelle Katernberger Markt | **Öffnungszeiten** offene Kirche Di 10–12 Uhr sowie zu den Gottesdiensten | **Tipp** Auf dem Katernberger Markt steht ein Brunnen mit einer Katzenpaar-Skulptur. Sie spielt auf das Stadtteilwappen an, das einen »Kater auf dem Berg« abbildet.

82 Der Schillerbrunnen
Friedlich mit Friedrich

Nicht immer war es friedlich hier. Einst diente das Areal der heutigen Schillerwiese als Galgenberg, es fanden Hinrichtungen Verurteilter durch den Strick statt. Zur Abschreckung lagen solche Richtstätten gerne an Gebietsgrenzen; so auch der hiesige Galgenberg. Das Rellinghauser Kanonissenstift errichtete seine Stätte der Justiz dort, wo seine Gemarkung auf die des Essener Frauenstifts und der Reichsabtei Werden traf. Von den eigentlichen Hinrichtungen durch den Galgen ist nicht viel überliefert, jedoch von den unrühmlichen Jahren 1579 bis 1591. In dieser Zeit fanden nämlich diverse Hexenprozesse statt. Die Namen einiger Opfer, die auf dem Galgenberg verbrannt wurden, sind bekannt und auf einer Tafel nördlich der Schillerwiese aufgelistet.

Friedlich wurde es spätestens 1905. Auf Anregung des Essener Justizrats Dr. Hans Niemeyer schuf man nämlich zum 100. Todestag des deutschen Dichters und Dramatikers Friedrich Schiller einen Schillerhain samt Schillerbrunnen – den Galgenberg taufte man in Schillerwiese um. Der damalige Theaterdirektor Hans Gelling schenkte der Stadt den Wasserspender aus Muschelkalk, den der Münchner Bildhauer Fritz Behn fertigte. 1907 fügte man noch zwei Bronzereliefs ein; das eine zeigte eine Szene aus »Wilhelm Tell«, das andere thematisierte »Das Lied von der Glocke«. Wegen der Metallknappheit im Zweiten Weltkrieg schmolz man sie ein, ersetzte sie allerdings durch Betonabgüsse, die noch immer erhalten sind.

Die Schillerwiese ist mittlerweile als Sportanlage etabliert. Der Schillerbrunnen geriet jedoch in Vergessenheit, da er sehr versteckt unterhalb des Straßenniveaus steht. Er findet sich in dem kleinen Waldstück nordöstlich der Wittenbergstraße, an dem Fußweg, der von der Eschenstraße hinunter zur S-Bahn führt. Als eingetragenes Baudenkmal zählt er zu den ältesten frei stehenden Brunnenanlagen der Stadt.

Adresse Eschenstraße, 45133 Essen-Stadtwald | **EVAG** Bus 142, 145, 146, Haltestelle Wittenbergstraße | **Tipp** Gegenüber dem Uhlenkrugstadion an der Abzweigung zur Wittekindstraße beginnt die Kruppsiedlung Altenhof II. Die malerische Dorfstruktur ist noch erhalten und lädt zum Spazieren ein.

83 Der Schurenbach
Einst begraben unter der Halde

Der Schurenbach wurde nicht wie andere Emscherzuflüsse begradigt und als Köttelbeck missbraucht, er wurde einfach zugeschüttet. Beziehungsweise muss es wohl richtig »aufgeschüttet« heißen, denn was man über seinem alten Bachbett auftürmte, ist als Schurenbachhalde bekannt. Die 50 Meter hohe Halde zählt zu den Wahrzeichen des nördlichen Stadtgebiets. Ihr Plateau gleicht einer Mondlandschaft – graues Geröll, wohin man schaut. Bis auf die »Bramme für das Ruhrgebiet«, die genau am Scheitelpunkt in die Höhe ragt und deren monochrome Ansicht zur mystischen Atmosphäre beiträgt. Sie besteht aus purem Stahl, wiegt 67 Tonnen und wurde vom Künstler Richard Serra zur Erinnerung an die Hüttenindustrie geschaffen.

Aufgeschüttet wurde die Halde ab den 1970ern zunächst mit Bergematerial der Zeche Fritz-Heinrich, später auch mit Abraum der Zechen Zollverein und Nordstern. Unter sich begrub sie nicht nur den Bach, sondern auch eine kleine Siedlung samt Sportanlage.

Im Zuge der Renaturierungsmaßnahmen der Emscherregion beschloss die Emschergenossenschaft, auch dem Schurenbach ein neues Bett zu schaffen. Auf der kleinen Parkfläche südlich der Kleingartenanlage am Hegerkamp entspringt das Gewässer und wird von dort zunächst verrohrt nach Norden unter der A 42 durchgeführt. Seit 2016 tritt es nun dort, am südwestlichen Fuße der Halde, wieder an die Oberfläche und fließt fortan parallel zur Aufschüttung gen Osten. Am südöstlichen Ende, dort, wo eine steile Treppe hinauf auf die Mondlandschaft führt, knickt der Schurenbach nach Norden ab, um Richtung Emscher zu fließen. Aber der Bach ist kein direkter Emscherzufluss. Kurz vor dem Rhein-Herne-Kanal mündet er wieder verrohrt in den Schwarzbach, der ein paar hundert Meter weiter der Emscher zufließt.

Weitläufige Rad- und Wanderwege laden nun zur Entdeckung der Haldenlandschaft samt neuem Bachbett ein.

Adresse Emscherstraße, 45329 Essen-Altenessen-Nord | **EVAG** Bus 173, 183, Haltestelle Kirche Heßlerstraße | **Tipp** An der Kuhlhoffstraße liegt der Bürgerpark. Er befindet sich auf dem Gelände des ehemaligen Altenessener Freibads.

84 — Der Schwanhildenbrunnen
Wiederentfachtes Heimatgefühl

Zwar siedelten wahrscheinlich schon germanische Stämme rund um Stoppenberg, aber im Grunde beginnt die Geschichte des Stadtteils erst mit der Äbtissin Schwanhilde. Denn diese errichtete 1073 auf dem vom Stift Essen knapp drei Kilometer entfernten und gut sichtbaren Stufenberg (aus dem sich der Name Stoppenberg entwickelte) eine erste Kapelle. Das Gotteshaus zog Leben an, und fortan keimte die Ortschaft auf.

Da ist es verständlich, dass man der Äbtissin mit dem Schwanhildenbrunnen ein Denkmal setzte. Der Bau des Brunnens erfolgte 1915 auf Initiative eines Verschönerungsvereins. Der Wasserspender sollte ein durch die fortschreitende Industrialisierung verloren geglaubtes Heimatgefühl wiedererwecken und an Stoppenbergs Wurzeln erinnern. Da der Architekt Carl Moritz bereits 1905 die Nikolauskirche erbaut hatte und der Brunnen sich harmonisch dem Gebäude anpassen sollte, beauftragte man ihn ebenfalls mit der Fertigung eines entsprechenden Entwurfs. Errichtet aus rotem Sandstein, bilden beide Jugendstilbauwerke nun eine geschlossene Einheit – den Schwanhildenbrunnen integrierte Moritz in den Treppenaufgang des Kirchenvorplatzes.

Beide stehen am Fuße des Hügels, auf dem Schwanhilde ihre Kapelle bauen ließ. Aus dieser entwickelte sich schließlich eine Stiftskirche mit Frauenkloster, die im 13. Jahrhundert umgebaut wurde und noch heute weitestgehend erhalten ist. Sie liegt direkt hinter der Nikolauskirche und ist mittlerweile Teil des Ordens der »Unbeschuhten Karmelitinnen«, die hier eine Hostienbäckerei für die Pfarreien der Umgebung betreiben.

An der Fertigstellung der Kapelle waren neben der Äbtissin noch zwei weitere Personen beteiligt – zum einen Kaplan Henricus von Essen, der Baumeister der Kirche, und zum anderen der Kölner Erzbischof Anno II., der sie schließlich einweihte. Auch sie würdigt der Schwanhildenbrunnen mit entsprechenden Bronzeskulpturen.

Adresse Essener Straße 4, 45141 Essen-Stoppenberg | **EVAG** STR 107, Haltestelle Ernestinenstraße | **Tipp** Am nahe gelegenen Barbarossaplatz steht die im Zweiten Weltkrieg ihres Kirchturms beraubte Thomaskirche. Auf dem Platz selbst findet jeden Mittwoch und Freitag von 8 bis 13 Uhr ein Wochenmarkt statt.

85 Die Schwimmbrücke Holtey

Für fünf Pfennig auf die Holz-Insel

Burgaltendorf, Byfang und Überruhr haben eines gemeinsam – sie liegen auf einer Ruhrhalbinsel und sind somit im Westen, Norden und Osten von Wasser umschlossen. Doch selbstverständlich wusste man sich zu helfen: Schon früh querte man den Fluss an Furten oder mit Hilfe von Fähren. Bereits der jungsteinzeitliche Hilinciweg, aus der Kölner Bucht kommend, verlief hier auf Hattinger Gebiet über die »Kölner Furt«, um schließlich auf den Hellweg zu stoßen.

Auch auf Höhe des heutigen Holteyer Querungsbauwerks richtete man schon ab dem Mittelalter eine Fährverbindung ein, doch erst 1901 folgte eine Brücke. Da der Staat damals für jede Flussquerung fünf Pfennig Zoll erhob, erhielt sie den Spitznamen »5-Pfennigs-Brücke«. Gebaut und betrieben wurde sie unter anderem vom Wirt Großjung auf Horster Seite und dem Gutsherrn Schulte-Holtey auf Burgaltendorfer (damals noch Altendorfer) Seite. Schon die hölzerne »5-Pfennigs-Brücke« konzipierte man schwimmend, jedoch lagerte nur der südliche Teil auf Pontons, während der nördliche fest verankert war. 1958 riss man sie wegen Bauschäden ab.

Erst 1982 wurde Ersatz geschaffen in Form der heutigen 84 Meter langen Schwimmbrücke. Als Verbindungsglied des hiesigen Fuß- und Radwegenetzes leistet sie nun ihren stillen Beitrag zur Naherholung. An vier Einbuchtungen stehen Bänke, um den freien Blick auf die Ruhr zu ermöglichen. Bei Hochwasser gleicht sich die Brücke dem Pegel an und hebt sich aus dem Flussbett. Dann ragen ihre Zugangsrampen über das Uferniveau, sodass sie vorübergehend gesperrt wird und die Ruhrhalbinsel nicht zugänglich ist.

Man titulierte die Ruhrhalbinsel übrigens schon ab dem 10. Jahrhundert aufgrund der dichten Bewaldung und Forstnutzung als »Holz-Insel«. Daraus entwickelte sich über »Holt-Ey« der Name der Gemarkung und des Adelsgeschlechts Holtey.

Adresse In der Lake, 45279 Essen-Horst | **EVAG** Bus 176, Haltestelle Beulestraße | **Tipp** Eine weitere ehemalige »5-Pfennigs-Brücke« ist die Dahlhauser Schwimmbrücke, circa drei Kilometer flussaufwärts. Die Ruhr dorthin entlangwandernd, passiert man zudem die historische Eisenbahnbrücke, die zum Bochumer Eisenbahnmuseum führt.

86 Die Siechenhauskapelle
Einst für Aussätzige, nun mittendrin im Leben

Die Kastanien- und die Lindenallee, die die Innenstadt halbkreisförmig umschließen, bilden den früheren Verlauf der alten Stadtmauer deutlich ab. Ungefähr dort, wo Letztere auf die Kettwiger Straße trifft, also auf Höhe des Willy-Brandt-Platzes, stand bis zum frühen 19. Jahrhundert das südlichste der Essener Stadttore – das Kettwiger Tor. Von hier führte im Mittelalter die wichtige Handelsstraße, die »Strata Coloniensis«, hinunter durch Werden bis nach Köln. Doch über diesen Weg gelangten nicht nur Waren, sondern auch Krankheiten in die Stadt, und so kam es, dass auch die Lepra Einzug in Essen hielt.

Bereits 1371 richtete man daher zum Schutz der Bevölkerung noch vor ebenjenem Kettwiger Tor ein sogenanntes Siechenhaus ein, das zur Versorgung und »Aufbewahrung« der »Aussätzigen« diente. Es lag in dem damals nur spärlich bevölkerten Gebiet des heutigen Rüttenscheid, versteckt in einem Wald. Da man der christlichen Fürsorgepflicht nachkommen wollte, baute man den Leprakranken zur geistlichen Seelsorge auch eine eigene Kapelle.

Die Siechenhauskapelle, die heute noch steht, geht auf die Jahre 1426 bis 1445 zurück. Somit ist sie das älteste Gotteshaus des Stadtteils. Natürlich sind die fast 600 Jahre nicht spurlos an ihr vorübergegangen; vor allem der Zweite Weltkrieg setzte ihr arg zu. Doch durch zahlreiche Wiederaufbauten und Instandsetzungen strahlt sie nun wieder die Würde vergangener Tage aus. So steht sie als Zeitzeugnis mittelalterlicher Krankenpflege an der Rüttenscheider Straße und sticht durch ihre gelb getünchte Fassade aus dem Einerlei ihrer Umgebung heraus.

War sie einst eine Kapelle für Aussätzige, bildet sie nun den Mittelpunkt des Stadtteillebens und ist eines der Wahrzeichen des Viertels. Die Rüttenscheider Straße, die aus der »Strata Coloniensis« hervorging, ist noch immer eine Handelsstraße – hier floriert der Einzelhandel.

Adresse Rüttenscheider Straße 147, 45130 Essen-Rüttenscheid | **EVAG** STR 107, 108, U 11, Bus 42, 160, 161, Haltestelle Martinstraße | **Öffnungszeiten** zu Messen | **Tipp** Rüttenscheid als Szeneviertel bietet viele gastronomische Highlights. Nicht nur rund um das Girardet-Haus finden sich viele Einkehrmöglichkeiten.

87 Der Simson-Block
Anders gemacht als geplant

Eigentlich hatte Friedrich Alfred Krupp alles ganz anders geplant: Es sollten Einfamilien- bis maximal Vierfamilienhäuser auf dem Areal zwischen der heutigen Münchener und der Kepler Straße entstehen. Die Straßen sollten in einem strengen Raster im 90-Grad-Winkel zueinander liegen. Doch die Genehmigungsbehörde der Bürgermeisterei Altendorf lehnte dies ab und änderte die Bebauungspläne: ein überdimensionierter Marktplatz sollte her, von dem diagonale, große Prachtstraßen abgingen. Krupp hielt das behördliche Bebauungskonzept für veraltet, und ein Landrat musste zwischen beiden Parteien vermitteln.

So begann man schließlich 1893 als Kompromiss mit dem Bau der Arbeiterkolonie »Alfredshof«, deren erster Abschnitt bis 1899 abgeschlossen wurde. Als die Bürgermeisterei dann nach Essen eingemeindet wurde, fiel das Projekt in die Zuständigkeit der Essener Baubehörde. So kam es ab 1910 zu einem erneuten Umdenkprozess in der Siedlungsgestaltung, die den Plänen Friedrich Alfred Krupps ebenfalls widersprach: Man erweiterte die Siedlung wegen akutem Wohnungsnotstand um lang gezogene, mehrstöckige Häuserblöcke, die man um einen immerhin großzügigen Innenhof errichtete. Fast 1.700 Wohneinheiten fasste die Arbeiterkolonie und war damit die bis dato größte Krupp-Siedlung. Doch im Zweiten Weltkrieg wurde sie fast vollständig zerstört, sodass sie bald als größtes zusammenhängendes Wiederaufbaugebiet der gesamten Region galt.

Der Simson-Block stellt die einzige erhaltene Wohneinheit der ehemaligen Kolonie dar. Er gehört zu jenen Bauten, die nachträglich zur Minderung der Wohnungsnot errichtet wurden. Auch wenn er architektonisch nicht ins Ursprungskonzept gehörte, wertet der Block entlang der Simsonstraße die Straßenzüge heute auf. Der großzügige Innenhof stellt noch immer das Zentrum nachbarschaftlichen Austauschs dar – er bietet Platz zum Grillen, Spielen und Erholen.

Adresse Simsonstraße, 45147 Essen-Holsterhausen | **EVAG** STR 106, Haltestelle Rubensstraße | **Tipp** Die nahe Gemarkenstraße bildet die Einkaufsstraße Holsterhausens. Auf ihr und der angrenzenden Savignystraße findet jeden Donnerstag ein Wochenmarkt statt.

88 Die Spurbus-Teststrecke
Vorreiter eines gescheiterten Verkehrskonzepts

Als 1980 an der Fulerumer Straße Deutschlands erste Spurbus-Teststrecke realisiert wurde, hielt man sie für den Beginn eines richtungsweisenden Nahverkehrssystems. Führungsrollen, die an den Radachsen der Busse angebracht waren, konnten die Fahrzeuge durch eine am Rand mit Balken begrenzte Trasse lenken und sie so, ähnlich einer Straßenbahn, in der Spur halten. Endete die Strecke, fädelte sich der Bus wieder ganz gewöhnlich in den Straßenverkehr ein. Das System sollte die Vorteile der Bahn, wie zum Beispiel geringer Platzbedarf und verkehrsunabhängiger Fahrkomfort, mit denen eines Busses vereinen.

Der Start in Essen war verheißungsvoll, sodass bereits 1983 eine weitere Strecke an der Wittenbergstraße folgte. 1985 baute man dann die Bahntrasse der A 40 (damals noch A 430) zwischen Huttrop und Kray für Spurbusse um, und 1991 folgte gar der Schritt in den innerstädtischen Untergrund. Hier wurden auch schnell die Mängel des Systems klar, sodass der Versuch bereits nach vier Jahren eingestellt wurde. Zu oft verstopfte ein durch einen Defekt liegen gebliebener Spurbus den Straßenbahntunnel, zu kostenintensiv waren die Reparaturen und zu hoch der Verschleiß.

Als 2008 dann dennoch eine neue Generation Spurbusse geliefert wurde und diese nun fünf Zentimeter zu breit für die Fulerumer Teststrecke waren, riss man die 1,3 Kilometer lange Trasse entlang des Südwestfriedhofs ab. Sie wurde durch einen Fuß- und Radweg ersetzt, der heute durch seinen verbreiterten Grünstreifen und die teilweise hohen Rasenkanten auf die ehemalige Existenz des Testbetriebs hindeutet. Auch alte Strommasten und Straßenmarkierungen sind noch vorhanden. Hier fährt der Bus wieder auf der normalen Fahrbahn, während an der Wittenbergstraße und dem Autobahnteilstück noch am Spurbuskonzept festgehalten wird, da dort die Strecken an die neuen Fahrzeugbreiten angepasst wurden. Allerdings will sich die Stadt langfristig vom Spurbus verabschieden.

Adresse Fulerumer Straße, 45149 Essen-Fulerum | **EVAG** Bus 145, Haltestelle Südwestfriedhof | **Tipp** Der Südwestfriedhof besitzt einige Ehrengräber von bedeutenden Essenern wie beispielsweise Franz Dinnendahl. Aber auch die im Backsteinexpressionismus erbaute Andachtshalle mit Arkadengang und die zahlreichen Skulpturen auf dem Gelände laden zum Rundgang ein.

89 Das Stammhaus Kröger
Vom Möbelhandwerk zum Kunstatelier

»Dat schönste Möbelhaus vonne ganze Welt« titulierte Ludger Stratmann das Einrichtungszentrum »direkt anne B 224« in Werbespots. Vor allem die imposante Glaspyramide im Eingangsbereich, die mit 26 Metern sogar höher als die des Pariser Louvre ist, unterstreicht diese These und zeigt, dass Möbel Kröger zu den Größen der Branche zählt. Doch auch das Einzelhandelsunternehmen hat mal klein angefangen. Dass sich sein Ursprung in Steele findet, wissen wohl die wenigsten. Denn dort gründete Tischlermeister Josef Kröger 1884 eine erste Möbelschreinerei in der Westfalenstraße und überzeugte mit seinem Handwerk die erste Kundschaft. Schon sechs Jahre später war die Nachfrage so groß, dass er das Stammhaus im Eickelkamp eröffnete, in dem er neben der Werkstatt auch einen Möbelverkauf betrieb. Das Haus steht noch heute und besticht durch den typischen Baustil der Gründerzeit. Der Schriftzug »Stammhaus Kröger« prangt noch immer auf der Hausfassade.

Hier also begann die Expansion zum späteren Möbelgiganten. Eine erste Filiale gründete Kröger 1925. Es folgten ein Polstermöbel-Markt und 1957 das Möbelhaus am Dreiringplatz, das jahrzehntelang als Steeler Institution galt. Im Jahre 2000 wurde schließlich das riesige Möbelzentrum »Die Weltstadt des Wohnens« im Westviertel verwirklicht.

Doch zurück zum Stammhaus. Einer Steeler Bürgerinitiative, die den drohenden Leerstand im Viertel bekämpfen wollte, indem sie Künstler ansiedelte, gelang es, das Haus einer neuen Bestimmung zuzuführen. 2011 richtete man ein Atelier ein, und den alten Verkaufsraum nutzen seitdem zwei Künstler als Werk- und Ausstellungsfläche. Es entstand ein offener Raum für bildende Kunst sowie für Filmkunst. Dabei wird die Historie des Hauses immer wieder in die Kunstprojekte mit einbezogen. Im Rahmen von Ausstellungen und Veranstaltungen öffnet sich das Atelier für Besucher.

Adresse Eickelkamp 11, 45276 Essen-Steele | **EVAG** Bus 144, 164, 166, 167, 170, 174, 177, 184, 194, Haltestelle Grendplatz | **Tipp** An der Dreiringstraße steht das sogenannte Kassenhäuschen, ein altes Sparkassengebäude aus der Gründerzeit. Nun ist dort das Kulturforum untergebracht.

90 __ Der Stein der Republik
Die größte Wiese der Stadt und der Halloturm

Matthias Erzberger, Walther Rathenau und allen voran Friedrich Ebert waren Politiker, die man mit der frühen Weimarer Republik in Verbindung bringt. Während Rathenau und Erzberger 1922 und 1921 von Republikfeinden ermordet wurden, starb der erste Reichspräsident Ebert 1925 an den Folgen einer Blinddarmentzündung. Zum Gedenken an die drei ließ der Verband »Reichsbanner Schwarz-Rot-Gold« 1929 das steinerne Denkmal aufstellen. In den circa zwei Meter hohen Findling brachte man drei Bronzereliefs mit den Konterfeis der Politiker ein und meißelte die Inschrift »Stein der Republik« hinein.

Als Standort wählte man den Eingang zum Stoppenberger Hallopark auf Höhe des Sportplatzes. Die Grünanlage besaß damals noch nicht die heutige Ausdehnung, konnte dafür aber mit einem ganz anderen Highlight aufwarten – dem Halloturm. Er wurde bereits 1899 zu Ehren des deutschen Kaisers Wilhelm I. errichtet und beherbergte ein Waffenmuseum. Im Zweiten Weltkrieg wurde er stark beschädigt, die Ruine aber erst in den 1970ern abgerissen. Zu der Zeit erhielt der Park auch seine heutige Ausdehnung von circa 30 Hektar. Neben altem Baumbestand bietet er nun die größte Wiesenfläche der Stadt. Der Begriff »Hallo« leitet sich dabei von »hoher Wald« ab, was am bewaldeten Hügel, auf dem der Turm einst gestanden hat, noch erkennbar ist.

Doch zurück zum »Stein der Republik«: Die Ehrung der drei Politiker war den Nationalsozialisten ein Dorn im Auge. Mit der Machtübernahme 1933 entfernten sie die Bronzereliefs und zerstörten die Inschrift. Erst 1988 nahm die Stadt sich des Gedenksteins wieder an und erneuerte nach originalem Vorbild die Bronzereliefs. Die gemeißelte Inschrift war jedoch unwiderruflich zerstört, sodass man eine Infotafel darüber anbrachte. Und zur Neuenthüllung kam dann sogar der damalige Ministerpräsident von Nordrhein-Westfalen Johannes Rau.

Adresse Hallostraße, 45141 Essen-Stoppenberg | **EVAG** STR 107, Haltestelle Ernestinenstraße | **Tipp** Im Stadion des Sportparks »Am Hallo« trägt der Essener Footballverein »Assindia Cardinals« seine Heimspiele aus. Die Mannschaft, die auch »Men in Blue« genannt wird, bietet immer ein spektakuläres Sporterlebnis.

91 Die Steinkiste Kupferdreh
Die Trichterbecherkultur auf der Dilldorfer Höhe

Als jungsteinzeitliches Relikt zählt die Kupferdreher Steinkiste zu den ältesten von Menschen geschaffenen Bauten der Region. Sie datiert zurück auf das 3. Jahrtausend vor Christus und ist somit weit über 4.000 Jahre alt. Die Steinkiste stammt aus der Epoche, in der sich die neolithische Revolution in Mitteleuropa vollzog – jene kulturelle Phase, in der die Menschheit vom Jäger- und Sammlertum zur sesshaften Lebensweise mit Ackerbau und Vorratshaltung überging. Typische keramische Funde dieser Zeit sind trichterförmige Becher, die namensgebend für die Epoche wurden.

Die Steinkiste Kupferdreh war eine Grabanlage der Trichterbecherkultur und wurde 1937 bei dem Bau der Hinsbecker Flakkaserne (später Ruhrlandkaserne) gefunden. Ihre geringe Größe deutet auf eine Hocker- oder Feuerbestattung hin. Im Zuge mehrerer Standortversetzungen legte man die Steinfragmente der Kiste falsch zusammen, sodass sie heute den Eindruck eines keltischen Steintischs, eines sogenannten Dolmens, vermittelt. In dieser Form steht sie nun nahe des früheren Kaserneneingangs.

Auf dem ehemaligen Militärgelände entstand ab 1999 mit der Dilldorfer Höhe eine Wohnsiedlung, die vor allem durch ihre exponierte Lage und das kinderfreundliche Umfeld überzeugt. Beim Bau setzte man auf einen intensiven Austausch mit der Bevölkerung, die Wünsche und Einfälle mit einfließen lassen konnte. So entstand unter anderem eine großflächige Grünanlage, auf der neben Spielwiesen und -plätzen auch kreative Ideen wie eine hügelige Mountainbike-Anlage umgesetzt wurden.

Aber auch der Kupferdreher Steinkiste gedachte man, indem man eine der neu geschaffenen Siedlungsstraßen »Am Dolmen« taufte. Immerhin lässt die Kiste auf die Existenz einer Siedlung der Trichterbecherkultur schließen und legt somit die Vermutung nahe, dass es sich auf der Dilldorfer Höhe auch vor Jahrtausenden schon gut leben ließ.

Adresse Hellersberg, 45257 Essen-Kupferdreh | **EVAG** Bus 180, Haltestelle Dilldorfer Höhe | **Tipp** Das historische Kasernentor versetzte man und integrierte es in die Grünanlage der Dilldorfer Höhe. Eine Informationstafel gibt einen kleinen Einblick in die Kasernengeschichte.

92 _ Die Sternwarte
Die Erreichbarkeit der Himmelskörper

Walter Hohmann gilt als Pionier der Raumfahrt. Der Ingenieur und Essener Stadtbaubeamte befasste sich in seiner Freizeit mit Astronomie. Vor allem seine grundlegenden Berechnungen in der Himmelsmechanik machten ihn weltberühmt. 1925 veröffentlichte er sein Werk »Die Erreichbarkeit der Himmelskörper«, welches die Grundlage der modernen Raumfahrt bildete. Seine darin enthaltenen mathematisch fundierten Darlegungen wurden bei den ersten Weltraumprojekten und dem Apollo-Programm zur bemannten Mondlandung berücksichtigt.

Ihm zu Ehren benannte man das Essener Observatorium 1971 in Walter-Hohmann-Sternwarte um. Dieses existierte bereits seit 1965 und wurde von astronomiebegeisterten Bürgern gegründet. Entsprechend handelt es sich um eine Volkssternwarte. Das heißt, sie steht nicht nur dem Fachpublikum, sondern auch der Öffentlichkeit zur Verfügung. Entsprechend bietet sie allgemeinverständliche, aber fachkundige Führungen und Veranstaltungen an.

Doch natürlich leistet die Sternwarte auch wissenschaftliche Arbeit. Beispielsweise zählt eine sogenannte Meteorscatter-Anlage, vernetzt mit einer entsprechenden Einrichtung in Belgien, die Meteoritenvorfälle zwischen beiden Messstationen. Wichtig ist auch ihr Beitrag zur Beobachtung von Kleinplaneten. Angeschlossen an das »Minor Planet Center« liefert die Walter-Hohmann-Sternwarte der Internationalen Astronomischen Union wichtige Berechnungen, die für die Erfassung der Bahndaten von Himmelskörpern benötigt werden.

Zum Einsatz kommen dabei modernste Instrumente. Vor allem das unter der Kuppel befindliche Teleskop mit einer Brennweite von sieben Metern und einem Spiegeldurchmesser von 56 Zentimetern lockt regelmäßig das Publikum an und lädt zu Entdeckungstouren am nächtlichen Himmel ein. Walter Hohmann zu Ehren setzte man zudem einen Gedenkstein auf das Gelände der Sternwarte.

Adresse Wallneyer Straße 159, 45133 Essen-Schuir, www.walter-hohmann-sternwarte.de | **EVAG** Bus 142, Haltestelle Wetteramt | **Öffnungszeiten** zu den Vortragsveranstaltungen und außerhalb der Schulferien Mi ab 20 Uhr, weitere Termine siehe Homepage | **Tipp** Am Schuirweg liegt das Mutterhaus der »Barmherzigen Schwestern der heiligen Elisabeth«. Der Klosterbau wird mittlerweile zwar nicht mehr als solcher genutzt, aber die wunderschöne Architektur ist noch immer ein Blickfang.

93 Das Stift Rellinghausen
Ein Ensemble unter Denkmalschutz

Da große Frauenstifte meistens dem Adel vorbehalten waren, verlangten die niederen Stände nach ähnlichen Einrichtungen. Die Äbtissin Mathilde erwarb daraufhin das Grundstück eines alten Oberhofs und gründete Ende des 10. Jahrhunderts das Rellinghauser Kanonissenstift. Hier lebten fortan unverheiratete Frauen und suchten religiösen Halt. Es war ein Ort der Abgeschiedenheit, man kam hierher, um zurückgezogen und bescheiden zu leben. Diese Einstellung zeigt sich bereits bei der Wahl des Standorts. Als eine der wenigen Kirchen entstand die Stiftskirche in einer Senke – verborgen und versteckt unterhalb der heutigen Frankenstraße. Fast 1.000 Jahre währte die Gemeinschaft in unmittelbarer Nähe zum Essener Stift, dem es organisatorisch unterstellt war.

Und noch immer sind von der damaligen Stiftsfreiheit einige Gebäude erhalten geblieben und bilden ein historisches Ensemble. Da wären das Alte Stiftshaus direkt an der Frankenstraße, das ehemalige Brauhaus neben dem Stiftplatz, die alte Küsterei und das Armenhaus. Und natürlich die frühere Stiftskirche Sankt Lambertus selbst. Durch ihren historischen Charme und die bauliche Einheit, die sie bilden, halten sie die Erinnerung an eine längst vergangene Zeit aufrecht, und doch erzählt jedes Gebäude für sich eine Geschichte. Neben ihrer gemeinsamen Vergangenheit eint sie noch etwas – das gesamte Ensemble steht heute unter Denkmalschutz.

Doch auch jenseits der Frankenstraße geht es geschichtsträchtig weiter. Dort steht der Blücherturm aus dem 16. Jahrhundert. Er diente dem Stift als Gerichtsstätte, Gefängnis und Folterkammer. Auch die Rellinghauser Hexenprozesse, bei denen insgesamt 39 Menschen hingerichtet wurden, hielt man in ihm ab. Selbstverständlich wies man auch den Blücherturm, der heute eine Kultureinrichtung beherbergt, als Baudenkmal aus. Und sogar der dicke Efeustamm, der an den alten Außenmauern emporrankt, stellt ein ausgewiesenes Naturdenkmal dar.

Adresse Stiftplatz, 45134 Essen-Rellinghausen | **EVAG** STR 105, Haltestelle Rathaus Rellinghausen | **Tipp** Direkt neben dem Stift in der Rellinghauser Straße befindet sich der kleine Stiepelturm. Er ist ein Relikt eines ehemaligen Bauernguts aus dem 15. Jahrhundert, das dem Stift unterstellt war. Auch das alte Rellinghauser Rathaus ist sehenswert.

94 Die St.-Lucius-Kirche

Im Schatten der Werdener Abtei

Zur Zeit der Werdener Abtei gab es neben der Klosterkirche noch zwei Filialkirchen, die außerhalb der damaligen Stadtmauern lagen – im Süden die Clemenskirche und im Norden die Luciuskirche. Während von der Clemenskirche nur noch ein Bodendenkmal erhalten ist, steht St. Lucius noch immer. Der Sakralbau gilt mittlerweile als die älteste Pfarrkirche nördlich der Alpen, denn gebaut wurde sie bereits ab dem Jahre 995 im Auftrag des Abts Werinbert. Nach weiteren Ausbauarbeiten weihte sie der Kölner Erzbischof Anno II. schließlich im Jahre 1063. Nachdem sie Jahrhunderte als Gotteshaus diente, begann mit der Säkularisation eine wechselvolle Geschichte.

Nachdem der preußische Staat ihr den gottesdienstlichen Zweck entzogen hatte, nutzte man sie ab 1803 zunächst als Kornkammer, dann als Stall. Es folgte ein Verkauf an ein Konsortium, das die Kirche zu Wohnzwecken komplett umbaute. Erst ab Mitte der 1950er Jahre begann man, ihren Originalzustand wiederherzustellen. 1965 wurde sie endlich neu geweiht. Seitdem finden dort wieder regelmäßig Gottesdienste statt.

Architektonisch überzeugt der Bau vor allem durch die romanische Schlichtheit. Selbst der mächtige Westturm besticht eher durch Bescheidenheit und wird von den umliegenden Bäumen überragt. Durch ein ansehnliches Bronzeportal, das erst 1991 vom Künstler Jürgen Goertz neu geschaffen wurde, betritt man die Kirchenhalle.

Auch im Innenraum hat man sich auf das Wesentliche konzentriert. Und genau diese architektonische Zurückhaltung macht die Schönheit der Luciuskirche aus. Ohne viel Prunk weiß sie zu überzeugen und zieht in ihren Bann. Das wirkt sich auch auf die Zahl der hier stattfindenden Hochzeiten aus. Denn gerade für kirchliche Trauungen ist die schlichte Eleganz der Kirche sehr beliebt. Und das, obwohl sie nur circa 500 Meter von der imposanten Klosterkirche entfernt steht.

Adresse Luziusstraße 6, 45239 Essen-Werden | **EVAG** Bus 180, Haltestelle Forstmannstraße | **Öffnungszeiten** So 10.15 Uhr zur Familienmesse | **Tipp** Der Dückerpark direkt hinter der Kirche war früher ein Friedhof. Noch immer finden sich dort Grabsteine, aber auch die Statuen von Bismarck, Moltke und Kaiser Wilhelm I., die früher die alte Werdener Ruhrbrücke zierten, sind dort aufgestellt.

95 Stonehenge

Trotz Einweihung unterm Hakenkreuz ein Friedensmal

Sicherlich diente das in der Jungsteinzeit gebaute »Stonehenge« in England als Inspiration für das hiesige Denkmal. Allein die konzentrische Anordnung, das Material sowie die stelenartige Bauweise lassen Assoziationen mit der knapp 5.000 Jahre alten Kultstätte zu. Kein Wunder, dass sich der Begriff »Stonehenge« auch im Essener Volksmund durchgesetzt hat.

Der ursprüngliche Name der runden Anlage lautete jedoch »Ruhrkämpferehrenmal«. Anders als andere Gedenkstätten, die an den Ruhraufstand 1920 erinnern, wurde das Ruhrkämpferehrenmal nicht zu Ehren der gefallenen Ruhrarbeiter errichtet. Vielmehr galt es den Toten aus den Reihen der rechtsextremen Truppen, die den Aufstand blutig niederschlugen. Erbaut wurde es durch den Architekten Paul Dietzsch auf Initiative des Generalleutnants Oskar von Watter hin, der die Truppen damals befehligte. Das Denkmal sollte durch seine monumentale Bauweise nicht nur die Weimarer Republik herabwürdigen, sondern auch die Gefallenen als Wegbereiter des Nationalsozialismus feiern. So fand die festliche Einweihung 1934 unter Hakenkreuzfahnen und unter der Teilnahme hochrangiger Militärs statt.

Die damals mittig der drei Meter hohen Steinsäulen installierten Bronzetafeln mit den Namen der Toten wurden jedoch nach dem Zweiten Weltkrieg entfernt und liegen nun teilweise im Stadtarchiv.

Erst ab 1984 entsann man sich wieder der Anlage. Zunächst wollte man sie abreißen, doch dann deutete man sie um – als Mahn- und Friedensmal sollte sie fortan der Opfer des Nationalsozialismus und des Zweiten Weltkriegs gedenken. Eine Informationstafel klärt nun über ihre Geschichte auf. Doch auch für historisch weniger Interessierte lohnt sich der Besuch des Ruhrkämpferehrenmals: In unmittelbarer Nähe zur ehemaligen Burg Horst thront es knapp 80 Meter über dem Ruhrtal in einem kleinen Waldstück und bietet einen tollen Ausblick.

Adresse Zugang über Nikolaus-Groß-Straße, 45279 Essen-Horst | **EVAG** Bus 154, 184, Haltestelle Carl-Wolf-Straße | **Tipp** Das Eisenbahnmuseum Bochum-Dahlhausen liegt dem Besucher hier direkt zu Füßen und ist über einen Waldweg erreichbar.

96 Der Stützträger
Teil der größten Maschinenbauhalle Europas

Die drei Ringe, die das Krupp'sche Firmenlogo bilden, stehen für die Innovation, die das Eisenbahnwesen revolutionierte – der nahtlose Eisenbahn-Radreifen. Mit dieser Erfindung gelang Alfred Krupp 1853 mit seiner Gussstahlfabrik der unternehmerische Durchbruch. Die nahtlosen Radreifen wurden zum Kernprodukt und Markenzeichen des Unternehmens.

Doch in den Lokomotivbau selbst stieg das Unternehmen erst lange nach Alfred Krupps Tod mit Ende des Ersten Weltkriegs ein. Der Versailler Friedensvertrag hatte verfügt, dass Krupp fortan keine Kriegsmaschinerie mehr fertigen durfte. So stellte man die Produktion um und lieferte bereits 1919 die erste Lokomotive. Trotz herrschender Wirtschaftskrise expandierte die Lokomotiv- und Waggonbaufabrik stetig, sodass man 1938 mit der M1 die damals größte Maschinenbauhalle Europas fertigstellte. Sie war über 30 Meter hoch, besaß Krananlagen mit über 150 Tonnen Hubkraft und erstreckte sich auf einer Grundfläche von 40.000 Quadratmetern.

Da die M1-Halle den Zweiten Weltkrieg nahezu unbeschadet überstand, erhielt die Lokomotivfabrik als erster Krupp-Betrieb die Genehmigung der Alliierten, die Arbeit wieder fortzuführen. Erst Ende der 1980er Jahre gab man die Halle als Fertigungsstandort auf. Nachdem sie daraufhin jahrelang als Lager gedient hatte, riss man sie 1995 ab. An gleicher Stelle realisierte die Stadt Essen schließlich den Gewerbepark M1.

Als letztes Relikt der M1-Halle blieb an der neu geschaffenen Straße »Am Lichtbogen« lediglich ein Stützträger erhalten, der gegen Abend farbig illuminiert wird. Trotz seiner beeindruckenden Höhe von 30 Metern vermag er die Ausmaße der damals fünfschiffigen Maschinenbauhalle kaum wiederzugeben. Die Dimensionen lassen sich jedoch in der nahen Helenenstraße erfassen. Dort steht mit der M3 noch immer eine der insgesamt drei Hallen, die im Dienste der Lokomotiv- und Waggonbaufabrik waren.

Adresse Am Lichtbogen, 45141 Essen-Altenessen-Süd | **EVAG** Bus 196, Haltestelle Gewerbepark M1 | **Tipp** In der Straße Am Lichtbogen findet sich ein American Diner. Hier lässt sich im typisch amerikanischen Stil der 1950er und 1960er dinieren.

97 — Die Tangabucht
Der alte Dorfkern Gerschede und die Krupp-Siedlung

Hinter dem zunächst skurril anmutenden Straßennamen verbirgt sich eine simple Auflösung. Die Tangabucht ist Teil einer späten Krupp-Siedlung, die ganz im Zeichen der ehemaligen Kolonialzeit stand. Als man die Wohnsiedlung 1939 schuf, bediente man sich bei der Straßenbenennung an Begrifflichkeiten des deutschen Kolonialismus. So verewigte man beispielsweise die Askaris, die einheimischen Soldaten der Schutztruppen der ehemaligen Kolonie Deutsch-Ostafrika, hier in der Askaristraße. Aber man schuf auch den Windhukweg, eine Samoa-, Südsee- und Kamerunstraße und eben die Tangabucht. Benannt wurde sie nach jenem Meerbusen nahe der Hafenstadt Tanga, in dem die Askaris im November 1914 über die landenden Engländer siegten. Die Hansemannstraße erinnert zudem an den damaligen Kolonialpolitiker. Bei all den Kolonialnamen vergaß man jedoch, der Siedlung selbst einen Namen zu verpassen.

Man erbaute sie rund um den alten Dorfkern von Gerschede, was allein sie schon sehenswert macht. Die ehemalige Bauerschaft Gerschede entstand einst entlang der Schmalenbecke, deren Bachlauf noch immer begrünt zum Wandern einlädt. Zwischen Samoa- und Askaristraße hat der Bach sogar eine tiefe Schlucht ins Gelände gefressen. Und auch am nahen Pausmühlenbach findet sich viel Grün.

Auf ländliches Idyll trifft man in Gerschede, wohin man schaut: ob alte Streuobstwiesen, Siepentäler, Kopfweiden, Bäche oder alte Fachwerkhäuser. Unter Letzteren wäre vor allem der aus dem Jahr 1749 stammende Beckermannshof zu erwähnen, der sich an die Grünanlage Mayskamp schmiegt. Hinter ihm stößt man auf eine ganz besondere Siedlung. In der Nordlandaue und am Nordlandring errichtete man nach dem Zweiten Weltkrieg 25 Häuser im skandinavischen Stil. Die sogenannten Norwegerhäuser wurden in der so typisch nordischen Holzbauweise gefertigt, jedoch sind nur noch wenige im Originalzustand erhalten.

Adresse Tangabucht, 45357 Essen-Gerschede | **EVAG** Bus 143, 185, Haltestelle Ackerstraße | **Tipp** Folgt man dem Weg am Pausmühlenbach, stößt man schon bald auf die Schloßstraße und schließlich auf das barocke Wasserschloss Borbeck.

98 Das Theater Freudenhaus
Hier wird Ruhrpott gesprochen

Als man 1996 mit einer ersten Produktion, nämlich »Freunde der italienischen Oper«, an die Öffentlichkeit ging, ahnte man noch nicht, dass man mit ebendieser gleich das Theater-Festival »Theaterzwang« gewinnen würde. Quasi über Nacht hatte sich das Theater Freudenhaus damit überregional etabliert und kann nun auf eine über 20-jährige Erfolgsgeschichte zurückblicken. Die anhaltende Beliebtheit ist dabei schnell erklärt: Mit der Ruhrgebietskomödie hatte man ein neues Theatergenre geschaffen, dessen Konzept man bis heute treu geblieben ist. Denn mit authentischen Charakteren, vom Büdcheninhaber bis zum Friseur, und der so typischen Ruhrgebiets-Mundart ist man dem wahren Leben im Pott sehr nahe, porträtiert, spiegelt und kritisiert dieses. Mal bissig, mal schräg, aber immer lustig.

Zunächst im Bunker in der Rüttenscheider Goethestraße untergebracht, fand man bereits ab 1998 in dem zwei Jahre zuvor eröffneten Kulturzentrum Grend eine dauerhafte Spielstätte. Das Grend als soziokulturelles Zentrum Steeles ist in der unter Denkmalschutz stehenden alten »Rektoratsschule« von 1876 beheimatet, aus der schließlich das Carl-Humann-Gymnasium hervorging. Neben Theater findet im Grend eine Vielzahl weiterer Veranstaltungen statt, von Konzerten bis zu Vernissagen und von umfangreichen Kinderprogrammen bis zu Bildungsangeboten für Erwachsene. Eine Gastronomie und sogar ein Gästehaus runden das Angebot ab.

Die Inszenierungen des Theaters Freudenhaus sind immer wieder ein kulturelles Highlight im Grend. Mit jährlich über 150 Aufführungen vor Ort und diversen Gastspielen in der Republik besticht das feste Ensemble durch seinen so typischen Ruhrpottcharme. Zu dem genialen Autorenteam zählt übrigens auch Sigi Domke, der bereits lange Jahre in »Herbert Knebels Affentheater« mitwirkte. Kurzweilige Freuden sind im Theater Freudenhaus also garantiert.

Adresse Westfalenstraße 311, 45276 Essen-Steele, www.theater-freudenhaus.de | **EVAG** Bus 144, 164, 166, 167, 170, 174, 177, 184, 194, Haltestelle Grendplatz | **Öffnungszeiten** Spielplan auf der Homepage | **Tipp** Der Westfalenstraße folgend, stößt man auf den Steeler Stadtgarten. Die vielen Skulpturen und der alte Saalbau heben ihn von anderen Grünanlagen ab.

99 Das Torhaus

Hinterm Berg – Radrouten nach überall

Als man das Rittergut Achternberg, zu dem das Torhaus einst gehörte, errichtete, befand es sich noch auf Rotthausener Territorium. Und noch immer ist die Grenze zum mittlerweile Gelsenkirchener Stadtteil nah. Sehr nah sogar, denn die einzige Zufahrtsstraße, nämlich die Achternbergstraße, gehört schon zu Gelsenkirchen. Erst im Rahmen der Gebietsreform 1923 ordnete man das Torhaus samt Rittersitz der Bürgermeisterei Kray zu, da man die neue Gemeindegrenze entlang des Grubenfeldes der Zeche Dahlbusch zog.

Als Grenzbefestigung des Stifts Essen zur Grafschaft Mark hin findet das Haus Achternberg schon im 15. Jahrhundert Erwähnung. Doch bei einem Brand im Jahre 1905 wurde es vernichtet. Nur das aus Ruhrsandstein im Renaissancestil erbaute Torhaus blieb vom Feuer verschont. Auch die Gräfte, die vom nahen Schwarzbach gespeist wurde und einst das Anwesen umgab, ist inzwischen verfüllt. Lediglich einige Bodenvertiefungen im umgebenden Gelände deuten noch auf die frühere Existenz des Wassergrabens hin. Und in den Kellern benachbarter Häuser sind, allerdings nicht frei zugänglich, wohl noch alte Grundmauern der Wasserburg erhalten.

Erst 2013 vom Regionalverband Ruhr aufwendig restauriert, ist das alte Torhaus nun mehr als nur ein historisches Eingangsportal und letztes Zeitzeugnis eines ehemaligen Ritterguts. Hier beginnt ein Radweg, der bereits nach circa 500 Metern auf den »Zollvereinweg« und die alte Kray-Wanner-Bahntrasse stößt und somit fast das gesamte Ruhrgebiet per Rad erfahrbar macht. Während Ersterer über die alte Bahnstrecke direkt zum Weltkulturerbe Zollverein führt, stellt Letztere eine Verbindung zum Emscher Park Radweg und zur Erzbahntrasse her.

Der Name des Hauses Achternberg bedeutet übrigens so viel wie »hinterm Berg« und weist darauf hin, nahe welcher landschaftlichen Kulisse das Torhaus zu finden ist – unmittelbar westlich des Mechtenbergs.

Adresse Achternbergstraße auf Höhe Steeler Straße, 45309 Essen-Kray | **EVAG** Bus 194, Haltestelle Achternbergstraße | **Tipp** Circa 1,5 Kilometer südlich findet sich an der Rotthauser Straße 40 das Industriedenkmal Zeche Bonifacius. Allein die neogotische Fassade der Alten Lohnhalle ist sehenswert, aber auch Hotel und Biergarten laden ein.

100 — Der Treidelplatz

Seitenwechsel an der Brehm

Einst schlängelten sich Leinpfade entlang der Ruhr und ermöglichten es, die Ruhraaken mit Pferdekraft flussaufwärts zu ziehen. Über lange Leinen waren die Plattbodenschiffe mit den Zugtieren verbunden und meisterten so die Bergfahrt. »Treideln« nannte sich das. Die Entscheidung, auf welcher Seite des Flusses getreidelt wurde, hing davon ab, wo sich eine Siedlung befand. Von Kettwig kommend zogen die Pferde die Aaken entlang des nördlichen Flussufers, doch Werdens Zentrum liegt südlich der Ruhr. Also wechselte nicht nur der Leinpfad, sondern auch die Pferde mit Hilfe einer Fähre das Ufer. Die Unterbrechung nutzte man, um die Tiere zu stärken und ihnen am Treidelplatz eine Rast zu gönnen.

Mittlerweile liegt der Treidelplatz etwas unscheinbar und versteckt unter der mächtigen Gustav-Heinemann-Brücke und wirkt etwas trist. Dennoch erschließt sich über ihn die kleine Grünanlage entlang der Joseph-Breuer-Straße bis zur kleinen Fußgängerbrücke der Brehm. Die Brehm ist eine natürliche Ruhrinsel, die bereits im 16. Jahrhundert als Weidefläche genutzt wurde. Mittlerweile gilt sie mit ihrem alten Baumbestand und der großen Wiesenfläche als Werdens Stadtteilpark. In ihren Kinderspielplatz integrierte man ein hölzernes Spielschiff in Ruhraaken-Optik, um an die Treidelhistorie zu erinnern.

Aber nicht nur wegen des Pferdeumschlags florierte Werden als Ruhrschifffahrtsstädtchen. Auch das nördlich gelegene Haus Heck trug als Ruhrzoll-Inspektion seinen Teil dazu bei. Ebenso wie die noch immer erhaltene Schleuse Neukirchen, in der die Kohlenschiffe auf das nächste Stauniveau geschleust wurden, und der nicht mehr vorhandene Hafen, in dem die Ruhraaken überwinterten.

Am Treidelplatz selbst befinden sich zwar keine Pferde mehr, aber noch immer bevölkern Boote, die mit Muskelkraft durchs Wasser bewegt werden, dort die Ruhr – der ansässige Tretbootverleih erfreut sich größter Beliebtheit.

Adresse Treidelplatz, 45239 Essen-Werden | **EVAG** Bus 169, 180, 181, 190, Haltestelle Werden Brücke | **Tipp** In der Heckstraße befindet sich das ehemalige Bürgermeisterhaus von 1833. Es ist mittlerweile kulturell erschlossen und lädt regelmäßig zu Veranstaltungen ein.

101 _ Der Triebwagen 888
Über historische Schienenfahrzeuge

1893 fiel der Startschuss für die Essener Straßenbahn. Zwar gab es zuvor bereits Pferdebahnen im Stadtgebiet, doch die ersten elektrisch angetriebenen Wagen nahmen damals den Linienbetrieb auf. Der Triebwagen 888 gehörte zwar nicht zu den Pionieren dieser Anfangszeit, aber mit dem ausgewiesenen Baujahr 1949 zählt er mit zu den ältesten Schienenfahrzeugen, die derzeit auf Essener Gleisen zu bewundern sind. Er fuhr ab 1949 zunächst für die Süddeutsche Eisenbahngesellschaft (SEG) und schließlich bis 1974 für die Essener Verkehrs AG, die aus der SEG hervorging.

Betreut wird der nostalgische Wagen von der »Verkehrshistorischen Arbeitsgemeinschaft«, kurz VHAG, die sich um die Instandhaltung solch fahrbarer Kulturgüter kümmert. Zu ihrem Bestand zählen neben dem Triebwagen 888 weitere Raritäten wie der »TW 144« der ehemaligen Vestischen Kleinbahn. Er stammt sogar bereits aus dem Jahre 1921. Insgesamt betreut die VHAG acht alte Bahnen und einen historischen Bus. Und das Tolle daran: Sie sind noch alle fahrtüchtig und für jedermann im Rahmen regelmäßig angebotener Rund- und Linienfahrten nutzbar. Selbstverständlich lassen sich einige der Oldtimer auch für private Zwecke anmieten. Die Linienfahrten finden einmal im Monat statt, wobei die Museumsbahnen den regulären EVAG-Fahrplan im Stundentakt ergänzen und ein Ein- und Aussteigen an jeder Haltestelle möglich ist. Bei Rundtouren geht es dann schon mal über die Stadtgrenzen hinaus – ob von Oberhausen nach Hattingen oder vom Essener Hauptbahnhof zur Arena auf Schalke.

Auch der Triebwagen 888 steht für Ausflüge dieser Art bereit. Seine Mahagoni-Teakholzbestuhlung versprüht im Inneren nostalgischen Charme und trägt zu dem besonderen Fahrerlebnis bei. Und um eine Entdeckungstour durch Essen per Schiene auch im größeren Freundeskreis zu erleben, lässt sich mit dem Beiwagen 350 ein passender Oldtimer ankoppeln.

Adresse Hirschlandplatz, 45127 Essen-Stadtkern, www.vhag-evag.de | **EVAG** U11, U17, U18, Haltestelle Hirschlandplatz | **Tipp** Rund um den Hirschlandplatz befindet sich das Bankenviertel. Vor allem die Fassaden der denkmalgeschützten Kredithäuser sind sehenswert. Auch das Deutschlandhaus, Essens erstes Hochhaus, und die alte Hauptpost zählen hier zu den historisch wertvollen Gebäuden. VHAG betreibt in der U-Bahn-Station Hirschlandplatz einen Shop.

102 — Die Türkenquelle
Der Charlottenhof und sein Fluchtstollen

Einen offiziellen Namen besitzt der natürliche Wasserspender südlich der Ruhr nicht. Doch da er noch bis in die 1980er Jahre vor allem von osmanischstämmigen Migranten genutzt wurde, erhielt er früher die volkstümliche Bezeichnung »Türkenquelle«. Darüber, ob hier wirklich flaschen- oder gar kanisterweise Wasser für Teezeremonien abgefüllt wurde, wie gemunkelt wird, lässt sich nur spekulieren. Da die Stadt das kleine Areal direkt an der Werdener Straße jedoch sicherheitshalber durch eine Leitplanke absichern ließ, liegt die Vermutung nahe, dass man sich tatsächlich rege an der Quelle bediente. Von der Nutzung als Trinkwasser raten die Stadtoberen jedoch ab.

Aus einer Öffnung in etwa fünf Metern Höhe tritt hier Wasser aus dem Schiefergestein und fällt in einem kleinen Wasserfall in ein bodennahes Becken. Von dort wird es über eine kleine Rinne Richtung Ruhr geführt. Doch um eine Quelle im wirklichen Sinne handelt es sich nicht. Wo das Bächlein seinen Ursprung nimmt, ist nicht eindeutig geklärt. Es könnte sich um Sickerwasser höher liegender Weideflächen handeln. Wahrscheinlicher ist aber, dass die Türkenquelle von einem alten Fluchtstollen des ehemaligen Charlottenhofs gespeist wird. Die Unternehmervilla gehörte Friedrich Flick, der das Anwesen nach seiner Frau Charlotte benannte. Diese mochte das Haus jedoch nicht, und so überließ Flick, später ein verurteilter Kriegsverbrecher, das Gebäude der paramilitärischen »Organisation Todt«. Der von Albert Speer 1943 eingerichtete Ruhrstab tagte dort, bis die Villa im Krieg zerstört wurde. Das Erzbistum Köln übernahm 1950 zunächst das Gelände, überließ es aber dann dem Bistum Essen, das dort noch heute die Jugendbildungsstätte »St. Altfrid« unterhält.

Der schon zu Flicks Zeiten eingerichtete Fluchtstollen stößt vermutlich genau unterhalb der Türkenquelle auf die Ruhr. Einen Beweis seiner Existenz gibt es jedoch nicht.

Adresse Werdener Straße, 45219 Essen-Kettwig | **EVAG** Bus 772, Haltestelle Kettwig Stausee | **Tipp** In »Kettwig vor der Brücke«, wie der südlich der Ruhr liegende Teil Kettwigs genannt wird, befinden sich unter anderem mit dem Alten Zollhaus, der Rindsberger Mühle und dem Park direkt an der Ruhrbrücke einige Sehenswürdigkeiten, die lohnen, entdeckt zu werden.

103 — Das wachsame Hähnchen
Essen hat 'nen Vogel

Gesehen hat das wachsame Hähnchen sicherlich jeder schon einmal. Hoch oben auf einer Stele thront der goldene Gockel am Rande des Kardinal-Hengsbach-Platzes und blickt gen Süden. Doch warum steht er dort, und was hat es damit auf sich?

Die Antwort dazu findet sich bereits im Mittelalter – zumindest der Sage nach: Bei der ausschweifenden Hochzeitsfeier der Bürgermeistertochter ergaben sich sämtliche Stadtbewohner dem Blick ins Glas und erlagen einem kollektiven alkoholbedingten Tiefschlaf. Zu den Träumenden zählten blöderweise auch die Nachtwachen und der Turmbläser, sodass Räuber die Gelegenheit witterten und die Stadtmauer erklommen. Doch machten sie die Rechnung ohne den Hahn. Dieser fühlte sich nämlich von den Eindringlingen in seiner Nachtruhe gestört, krähte und weckte so die Wachen, die die Räuber in die Flucht schlugen. Der Hahn war der Held und avancierte zum Wahrzeichen der Stadt.

Der bereits im 14. Jahrhundert gegründete und noch immer bestehende »Essener Schützenverein e. V. gegr. 1390« wollte nach dem Ersten Weltkrieg seinen gefallenen Schützenkameraden ein Ehrenmal errichten und erinnerte sich dabei der heldenhaften Tat des Hahns. Der Essener Bildhauer Vogelsänger schuf daraufhin die Stele samt vergoldetem Federvieh, und im Mai 1930 wurde sie auf Essens ältestem Platz, dem Kornmarkt, feierlich enthüllt. 1934 zog das Denkmal an seinen jetzigen Standort auf die Freitreppe des damaligen Kurienplatzes. Den Platz hatte man 1925 dort neu geschaffen, wo einst eine Kurie, also ein Wohnhaus einer Stiftsdame, stand. Erst 1994 benannte man ihn dann zur Erinnerung an den Kardinal und ersten Ruhrbischof Hengsbach um.

Doch zurück zum wachsamen Hähnchen. Schon 1931 huldigte Max Fiedler, der Musikdirektor der Stadt, dem Gockel mit einem eigens komponierten Schützenlied. Und der Essener Schützenverein trägt das wachsame Hähnchen noch immer im Vereinswappen.

Adresse Kardinal-Hengsbach-Platz, 45127 Essen-Stadtkern | **EVAG** diverse Busse und Bahnen bis Haltestelle Rathaus Essen oder Hischlandplatz | **Tipp** Der Kreuzgang des Essener Münsters bietet ein Refugium der Stille inmitten des Trubels der Einkaufsstraße.

104 — Waende Südost

Street-Art an der Schallschutzmauer

Murale Malerei, also das Aufbringen von Farben direkt an Decken und Wänden, kennt man schon seit frühen Höhlenzeichnungen und antiken Fresken. Doch solch Wandmalerei gibt es auch heute noch – im direkten urbanen Umfeld zählt sie zur Street-Art. Gerade junge Menschen begegnen diesem Stil sehr aufgeschlossen und finden so ihren Zugang zur Kunst.

Und wenn man schon eine eintönige Schallschutzwand vor der Nase hat, die die Straßenzüge zu einem Unort diffamiert, liegt es doch nahe, diese künstlerisch aufzuwerten. Dabei zielt der Name »Waende Südost« ganz konkret auf den Ort des Geschehens: im Großen das Essener Südostviertel und im Konkreten die Wände, die das dortige Stadtleben vom Autobahnverkehr der A 40 trennen. 2012 nahmen sich 21 Künstler der Schallschutzwände entlang der Von-der-Tann-Straße an und verwandelten sie in riesige Wandgemälde. So entstand aus dem ehemaligen Grau-in-Grau ein bunter Stadtteil. Völlig zu Recht lässt sich das Projekt als kulturelles Großereignis bezeichnen. Nicht nur, weil mehr als 3,5 Kilometer der Autobahntrennwände bemalt wurden, auch wegen der Internationalität. Denn neben Künstlern aus dem direkten und nationalen Umfeld nahmen auch weltweit renommierte Street-Art-Maler teil und schufen wahre Meisterwerke. So findet sich an der A 40 nun Kunst aus aller Welt – aus Thailand, Kolumbien, Italien, Kenia …

Dabei ist die bunte Straßenbemalung im Südostviertel gar nicht ganz so neu. Schon 2004 legte die Künstlerin Moni van Rheinberg den Grundstein und gestaltete die Häuserfassade am nahe gelegenen Storpplatz. In dem Gebäude befindet sich mit dem »Storp9« ein Bürgerbegegnungszentrum, das Kunst und soziale Arbeit im Viertel vorantreibt. Da man gemeinsames künstlerisches Schaffen als Motor für eine aus der Bevölkerung wachsende Stadtteilentwicklung betrachtet, ging die Initiative der »Waende Südost« vom Storp9 aus.

Adresse Von-der-Tann-Straße, 45139 Essen-Südostviertel | **EVAG** STR 103, 109, Bus 146, 147, Haltestelle Wasserturm | **Tipp** In der Steeler Straße befindet sich das kultige Programmkino Eulenspiegel. Es besitzt noch eine alte Wurlitzerorgel zur Stummfilmbegleitung.

105 Das Waldstadion

Im Bergmannsbusch wird Ruhm geerntet

Hier ist Fußball noch so, wie er sein sollte – ehrlich, authentisch und voller Emotionen. Allein die besondere Lage in einer Waldsenke trägt zu der familiären Stimmung und dem besonderen Charme des Stadions bei. Dabei assoziiert man mit dem Begriff Stadion zunächst sicher etwas Größeres. Denn eine richtige Tribüne im klassischen Sinne weist die Spielstätte nicht auf. Dennoch ist das »Waldstadion Bergmannsbusch«, wie es offiziell heißt, mehr als nur ein idyllisch gelegener Ascheplatz. Es dient dem TC Freisenbruch als Heimstätte und erzählt somit durchaus Essener Sportgeschichte.

Die Anfänge des Vereins gehen auf das Jahr 1902 zurück, als man ihn am 1. Januar als reinen Turnclub gründete. Erste Erfolge ließen nicht auf sich warten, und so etablierte sich der TC Freisenbruch schnell. Doch das nationalsozialistische Regime zwang den Verein ab 1934 zu einer Pause. Für die Turner bedeutete dies das Aus, jedoch keimte nach Kriegsende die Idee einer eigenen Fußballabteilung. Dank provisorischer Mittel, wie selbst genähter Bälle und Trikots aus Mehlsäcken, fand daraufhin am 28. August 1946 das erste Spiel auf der jetzigen Anlage statt. Es gelangen Achtungserfolge, sodass man 1955 mit Hilfe der Stadt den Sportplatz zur jetzigen Spielstätte ausbauen konnte.

Dabei liegt das Waldstadion mitten im Bergmannsbusch und bietet ein naturnahes Umfeld. So kann ein sonntäglicher Familienausflug durchaus zu einer spontanen Exkursion zu den Spielen des TC Freisenbruch ausgeweitet werden – Grillwurst, Spannung und Atmosphäre inklusive.

Zwar gab es auch in Freisenbruch mal Zechen, aber vom Bergbau leitet sich der Name des Bergmannsbuschs nicht ab. Vielmehr geht der Begriff auf einen ansässigen Bauern »Bergmann« zurück, der auf hiesigen Feldern seine Ernte einfuhr. Und so schließt sich der Kreis – auf dem heutigen Feld erntet man Ruhm und sportliche Anerkennung.

Adresse Waldweg 14, 45279 Essen-Freisenbruch, www.tc-freisenbruch.de/bergmannsbusch.html | **EVAG** Bus 174, Haltestelle Freisenbruchstraße | **Tipp** Um selber sportlich aktiv zu werden, ist das Freisenbrucher Schwimmzentrum nicht fern. Das integrierte Freibad zählt zu den größten der Stadt.

106 Das Walpurgistal
Nackedeis seit eh und je

Freie Körperkultur, Naturismus und Nacktbaden assoziiert man häufig mit den Stränden der Ostsee und der gelebten Freizügigkeit in der ehemaligen DDR. Doch allen Vorurteilen zum Trotz – der Ursprung der Nudistenszene findet sich nicht in Ostdeutschland, sondern in Essen. Bereits 1893, als die sogenannte »naturgemäße Gesundheitspflege« gerade großen Anklang fand, gründete sich mitten im Idyll des Walpurgistals mit dem »Naturheilverein Essen-Ruhr« Deutschlands erster FKK-Verein – und existiert unter anderem Namen noch heute. Auf einem 9.000 Quadratmeter großen, in sich geschlossenen und nur Mitgliedern vorbehaltenen Gelände pflegt man noch immer die freie Körperkultur durch gemeinsame sportliche Aktivitäten oder beim entspannten Sonnenbad.

Aber auch abseits des Nudistenrefugiums bietet das Walpurgistal naturnahe Erholung. Durchzogen wird die Auenlandschaft vom Rellinghauser Mühlenbach, der seit 2014 wegen notwendiger Kanalverlegungen renaturiert wird und ab 2018 dann komplett durch ein naturnah gestaltetes Bachbett mäandert. Das Walpurgistal erstreckt sich dabei bis nach Rüttenscheid und ist über Rad- und Wanderwege selbst mit dem Stadtwald verbunden. Kleingartenanlagen und alte Fachwerkhäuser reihen sich am Mühlenbach aneinander und verleihen dem Walpurgistal ein ländliches Flair.

Auch der letzte noch erhaltene Bauernhof Bergerhausens, der Schürmannhof, liegt direkt am Walpurgistal, allerdings oben auf der Kaninenberghöhe. Das denkmalgeschützte Fachwerkhaus wurde ab 1792 erbaut. Dort gibt es nun Wohnungen für Senioren, denen vor allem durch die Nähe zur Natur und zu den dort lebenden Tieren eine neue Lebensqualität geschaffen wird. Aber auch für private Feiern und Veranstaltungen bietet sich der Schürmannhof an.

Direkt neben dem Bauernhof befindet sich übrigens nicht nur das FKK-Paradies, auch der Fußweg hinunter ins schöne Walpurgistal beginnt dort.

Adresse Im Walpurgistal, 45136 Essen-Bergerhausen | **EVAG** STR 105, Haltestelle Schnabelstraße oder Zeche Ludwig | **Tipp** Auf dem Friedhof in der Straße »Am Glockenberg« befindet sich das Ehrengrab von Joseph Sartorius. Er war Rellinghausens einziger Bürgermeister und von 1876 bis zur Eingemeindung 1910 im Amt.

107 Die Wetterstation
Ein Reiher und andere Flussmotive

Als man 1911 die alte Ruhrbrücke von 1865 umbaute, ergänzte man sie um die von Heinrich Winken geschaffene Wetterstation. Da 1930 allerdings die über die Brücke führende Fahrbahn Teil der Reichsstraße 1 und erneut vergrößert wurde, beschloss man schließlich, das Kunstwerk zu versetzen. An ihrem damals neuen Standort steht die Wetterstation noch heute. Am nordöstlichen Rand der Mühlengrabenbrücke gelegen, fügt sich ihre Architektur nun harmonisch an das Bruchsteingemäuer des Querungsbauwerks. Die Station ist ein echter Blickfang.

Während unten jeweils ein Thermo-, ein Baro- und ein Hygrometer dem meteorologisch Interessierten nüchterne Zahlen liefern, kontrastiert das verspielte Gitterwerk der schmiedeeisernen Haube diesen Pragmatismus. Gekrönt wird der Aufsatz durch einen metallenen Graureiher, der Richtung Ruhr blickt. Der Kettwiger Kunstschmied Heinrich Winken entschied sich bewusst für diese Vogelart, da sie in der hiesigen Flusslandschaft stark vertreten war und er so einen direkten Bezug zu der Umgebung herstellte. Das Thema Wasser unterstrich er weiter, indem er in die Verschnörkelungen des Gitterwerks Flussmotive wie eine Ruhraake, einen Fisch und einige Anker einbaute. Jedoch war der Vogel namensgebend für das Kunstwerk: Wetterstation »Reiher« nannte Heinrich Winken seine Skulptur. Damals wie heute diente die Säule neben ihrer Funktion als Wetterinformant hauptsächlich als Lichtquelle. Zunächst betrieb man sie als Gaslaterne, heute verbirgt sich unter der Haube eine normale Elektroleuchte.

Im Laufe der Jahre verwitterte die Schmiedekunst zunehmend. Mit Hilfe von Spenden und dem Kettwiger Heimat- und Verkehrsverein restaurierte man die Wetterstation 1993 und brachte eine entsprechende Plakette an. Der Verein integrierte sie schließlich auch in den aus insgesamt 14 Kunstwerken bestehenden Rundweg des Kettwiger Skulpturenparks.

Adresse Am Mühlengraben, 45219 Essen-Kettwig | **EVAG** Bus 772, 774, Haltestelle Kettwig Brücke | **Tipp** Unter der jetzigen Ruhrbrücke befindet sich auch das Wehr des Kettwiger Stausees. Hier liegen außerdem die Schleuse und das Wasserkraftwerk.

108 Die Wiebeanlage
Anna Selbdritt und das Moltkeviertel

Schon als man das Moltkeviertel ab 1908 für die gehobene Mittelschicht realisierte, orientierte man sich an dem Konzept einer Gartenstadt. Stadtplaner Robert Schmidt plädierte zudem dafür, Spielplätze und Erholungsflächen in die Innenhöfe von Häuserblocks zu verlegen, fand jedoch zunächst keinen geeigneten Baugrund für dieses innovative Wohnprojekt. Erst als Mitte der 1920er Jahre ein passendes Areal in den Besitz der Stadt fiel, konnte im Zuge des dritten Bauabschnitts des Moltkeviertels der Entwurf realisiert werden. Statt großer Vorgärten erhielten die Häuser nach hinten hinaus einen Privatgarten, der mit einer Grünfläche zu einem großen Park verschmolz – der Wiebeanlage.

Dabei setzt sich die Wiebeanlage aus drei Sequenzen zusammen. Sie beginnt mit einer kleinen Rasenfläche an der Franziusstraße und verläuft über den größten Abschnitt zwischen Henricistraße und Bandelstraße bis zum dritten Teilbereich zwischen Bandelstraße und Töpferstraße. Die drei Parkflächen sind durch eine Sichtachse miteinander verbunden, die ganz bewusst auf die Hubertuskirche hin ausgerichtet wurde.

Benannt wurde die Anlage nach dem 1922 verstorbenen städtischen Leiter des Tiefbauamts und Beigeordneten Friedrich Wiebe. Als sie 1927 fertiggestellt wurde, war sie die erste ihrer Art in Deutschland. Noch heute ist sie durch ihre Abgeschiedenheit vom Straßenverkehr ein beliebter Rückzugsort der Anwohner und bietet hohen Erholungswert.

Auch eine kleine Kapelle findet sich in der Wiebeanlage. Das Gebetshaus stand zunächst jahrhundertelang nahe der jetzigen Rellinghauser Straße und barg eine Kostbarkeit: eine aus Eichenholz geschnitzte »Anna Selbdritt« aus dem frühen 16. Jahrhundert. Sie ist das älteste Zeugnis christlichen Wirkens in Rellinghausen. Mittlerweile steht die Figur in der Hubertuskirche, eine Replik findet sich aber auch weiterhin in der Kapelle der Wiebeanlage.

Adresse Wiebeanlage, 45136 Essen-Huttrop | **EVAG** STR 105, Haltestelle Töpferstraße | **Tipp** Ein Streifzug durch das Moltkeviertel lohnt immer. Neben der schönen Bausubstanz ist vor allem rund um den Moltkeplatz Kunst im öffentlichen Raum installiert.

109 _ Das Wildgehege
Erst rettet die Sparkasse, dann der Förderverein

Es war ein harter Kampf, aber er hat sich gelohnt. Denn ohne den beherzten Einsatz des »Fördervereins Wildgatter Essen Heissiwald e. V.« würde es das Wildgehege nicht mehr geben. Doch dank der Initiative verbucht das Gelände nun jährlich bis zu 60.000 Besucher. Angelockt werden sie durch die Vielzahl an Wildtieren, denen man hier ein Refugium geschaffen hat.

Gegründet wurde das Gehege schon 1964 inmitten des Heissiwalds mit zunächst sechs Damhirschen. Im Jahre 1982 drohte dann zum ersten Mal die Schließung. Sie konnte durch eine großzügige Spende seitens der Stadtsparkasse abgewendet werden. Die Sparkasse erwarb auch vier Mufflons, die dort einen neuen Lebensraum fanden. 1994 strich die Stadt dann endgültig die öffentlichen Mittel, und das Gatter stand zum zweiten Mal vor dem Aus. Nun gründete sich der Fördervcrein, der mit Spendenaufrufen und viel Engagement das Wildgatter erneut rettete und es noch immer betreut. Er lädt auch regelmäßig zu Herbst- und Osterfesten oder anderen Veranstaltungen ein. Die gelungene Öffentlichkeitsarbeit spiegelt sich nicht nur in der Besucher-, sondern auch in der Mitgliederzahl wieder – über 300 engagierte Helfer zählt der Verein mittlerweile. Aber auch die Artenvielfalt und die Anzahl der Tiere sind in all den Jahren gewachsen.

Neben den Damhirschen und den Mufflons beherbergt das über sechs Hektar große Gehege mittlerweile auch Wildschweine und Rotwild. Die steigende Population belegt, dass sich die Tiere hier sichtlich wohlfühlen – jeden Frühling sorgen Frischlinge, Kälber und Lämmer für Freude nicht nur bei den jungen Zaungästen. Denn beobachten lässt sich das Treiben aus Rücksicht auf die Tiere nur aus einiger Distanz durch den Zaun und von zwei Aussichtspodesten. Für die jungen Besucher ist rund um das Wildgatter ein Waldlehrpfad installiert, der anhand von Tafeln heimische Baumarten vorstellt.

Adresse Weg zur Platte, 45133 Essen-Bredeney, www.wildgehege-essen.de | **EVAG** Bus 169, Haltestelle Waldschänke | **Öffnungszeiten** frei zugänglich | **Tipp** Im Café und Restaurant »Villa Vue« genießt man einen phantastischen Ausblick über das Ruhrtal und auf den Baldeneysee.

110 — Das Zauber Theater
Magie liegt in der Luft

Zur Auflockerung reicht Zauberer Viko den 20 Gästen Snacks und ein Glas Sekt. Denn zu einem magischen Abend im Zauber Theater gehört eine entspannte Atmosphäre. Das Publikum sitzt nah am Geschehen, hat beste Sicht auf die Tricks – und dennoch: Die beiden Stahlringe waren doch soeben noch vereint, und der Schaumstoffball lag doch ursprünglich unter einem anderen Becher. Münzen verschwinden, und Seile entknoten sich – es grenzt an ein Wunder, zumal sich die Zuschauer selbst von der Echtheit der Materialien überzeugen dürfen. »Wie macht er das nur?« ist daher die zentrale Frage des Abends, mit der die Verzauberten ihre Bewunderung und Begeisterung ausdrücken.

Für jene, die dann wirklich hinter die Geheimnisse der Tricks schauen wollen, bietet Viko regelmäßig Lehrgänge in seinem Zauber Theater an. Im Schnupperkurs vermittelt er erste magische Grundlagen, die er dann in einem Aufbaukurs vertieft. Und alle, die seiner Zauberei verfallen sind, können ihn auch für private Feiern und Firmenevents buchen. Sein Angebot deckt dabei Stand-up-Zauberei vor großem Publikum oder eben die Tischzauberei ab, bei der er von Tisch zu Tisch geht und Kleingruppen begeistert.

Seit über 15 Jahren übt Viko die magische Kunst hauptberuflich aus; den Traum eines eigenen Theaters verwirklichte sich der Zauberer jedoch erst 2009. In Holsterhausen fand er die geeigneten Räumlichkeiten. Nicht zu groß sollten sie sein, schließlich lässt er sich gerne über die Schulter schauen. Er sucht die Nähe zu seinem Publikum, um es in seine Show mit einzubeziehen.

»Nah am Wunder« nannte er daher passenderweise sein erstes Programm, welches mittlerweile in der dritten Auflage neue Tricks präsentiert. Allein deswegen lohnt sich ein Wiederkommen. Aber auch, um endlich der Frage nach dem »Wie macht er das nur?« auf die Schliche zu kommen. Denn die ist und bleibt ein gut gehütetes Zauberergeheimnis.

Adresse Holsterhauser Straße 64, 45147 Essen-Holsterhausen, www.zaubertheater-essen.de | **EVAG** U17, Haltestelle Gemarkenplatz | **Öffnungszeiten** Termine auf der Homepage | **Tipp** Am Gemarkenplatz steht mit dem Gemarhaus der einzige bedeutende Profanbau Holsterhausens. In ihm ist heute die Sparkasse untergebracht.

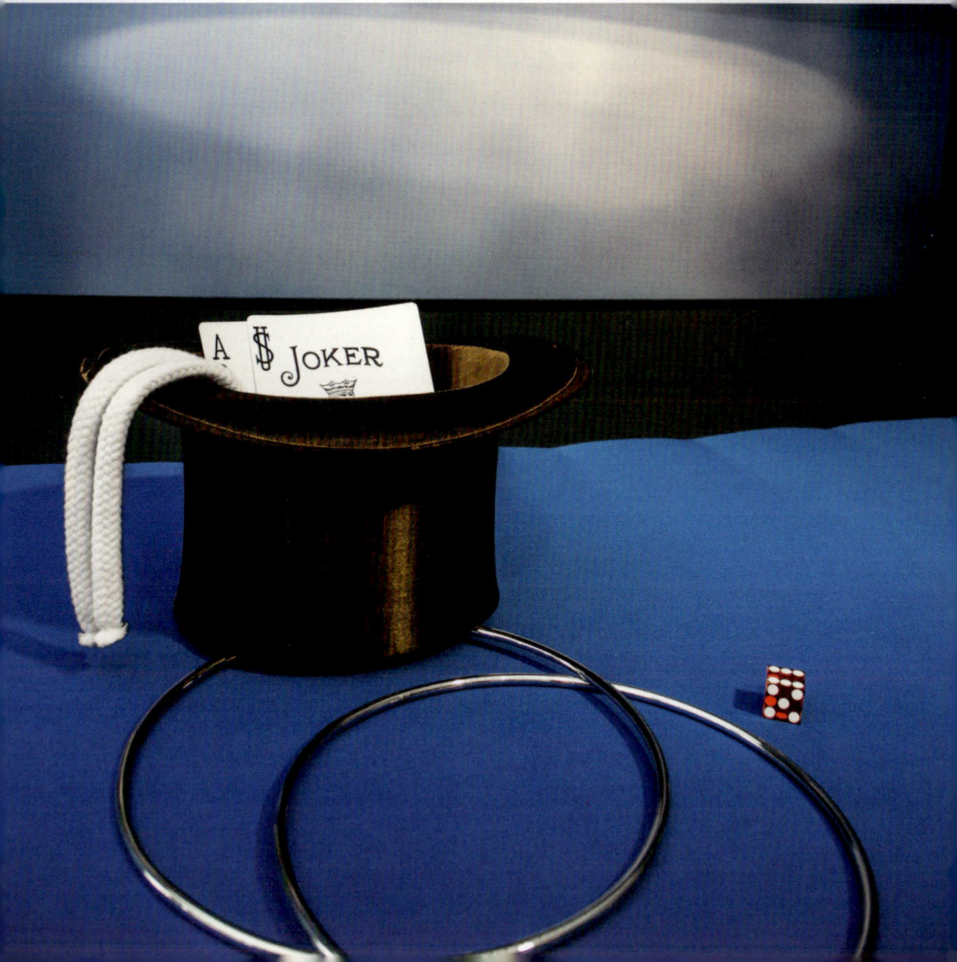

111 Die Zeche Levin

Der letzte gebaute Malakowturm im Ruhrgebiet

Viel ist nicht mehr übrig von dem ehemaligen Bergwerksbetrieb Christian Levin. Zu entdecken gibt es hier jedoch noch einiges. Augenscheinlichstes Objekt ist dabei wohl das Bauwerk an der Levinstraße Ecke Rauchstraße. Das historische Gebäude mit dem Rundturm nannte man einst »Kasino Levin«, es bildete das gesellschaftliche Zentrum der Bergleute. Unmittelbar vor dem Tor zum Zechengelände gelegen, lockte die Gaststätte so manch einen nach seiner Schicht an, der hier einen Teil seines Lohns ließ.

Das damalige Werksgelände wird heute von dem Gewerbegebiet Levin samt 16 Hektar großem Tanklager beherrscht. Nur ein kleiner Grünstreifen, in den ein Rad- und Fußweg führt, schlängelt sich der Werksgrenze entlang gen Süden. Hier findet sich bereits nach wenigen Metern, eingezäunt und mit einem Revisionsdeckel sicher verschlossen, der verfüllte Schacht 1.

Zusammen mit weiteren Grubenfeldern, die der Kölner Bergwerksverein in der Nähe erschloss, kämpfte er ab Mitte des 19. Jahrhunderts aufgrund der Nähe zur Emscher immer wieder mit Wassereinbrüchen. 1867 und 1881 kam der Kohlenabbau deswegen zum Erliegen. 1888 errichtete man auf der Zeche Levin den letzten im Ruhrgebiet gebauten Malakowturm. 1958 wurde dann der nach dem ehemaligen Generaldirektor des Kölner Bergwerkvereins Christian Lemmé Lévin benannte Zechenbetrieb eingestellt. Die Schächte dienten jedoch noch bis 1966 zur Bewetterung und Wasserhaltung der benachbarten Zeche Sälzer-Amalie.

Und auch nördlich des »Kasinos Levin« gibt es Entdeckungen. Die dahinterliegende Grünanlage diente früher als Abraumhalde. Durchquert man sie, taucht nach wenigen hundert Metern der Rhein-Herne-Kanal samt kleinem Hafenbecken auf – dem ehemaligen Werkshafen »Christian Levin«. Hier beginnt auch die Radstrecke »Wasser Route«, die über 18 Kilometer entlang Grünflächen und Bächen durchs gesamte Stadtgebiet hinunter zur Ruhr führt.

Adresse Levinstraße Ecke Rauchstraße, 45356 Essen-Dellwig | **EVAG** Bus 166, 186, Haltestelle Haus-Horl-Straße | **Tipp** Wandert man den Rhein-Herne-Kanal entlang Richtung Westen, stößt man bald auf die Bootshaus-Terrassen und das Dellwiger Freibad. In beiden lässt sich wunderbar entspannen.

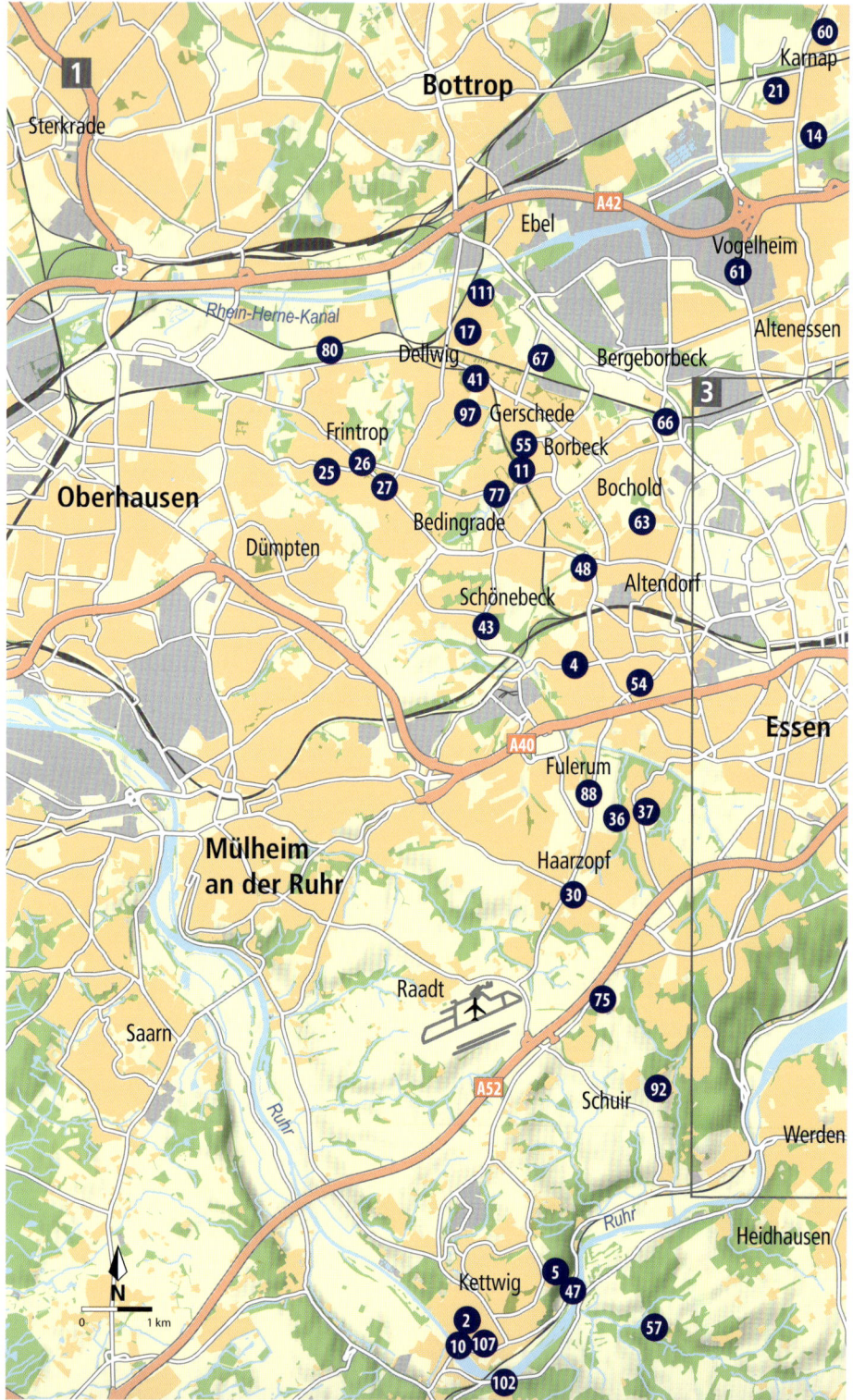

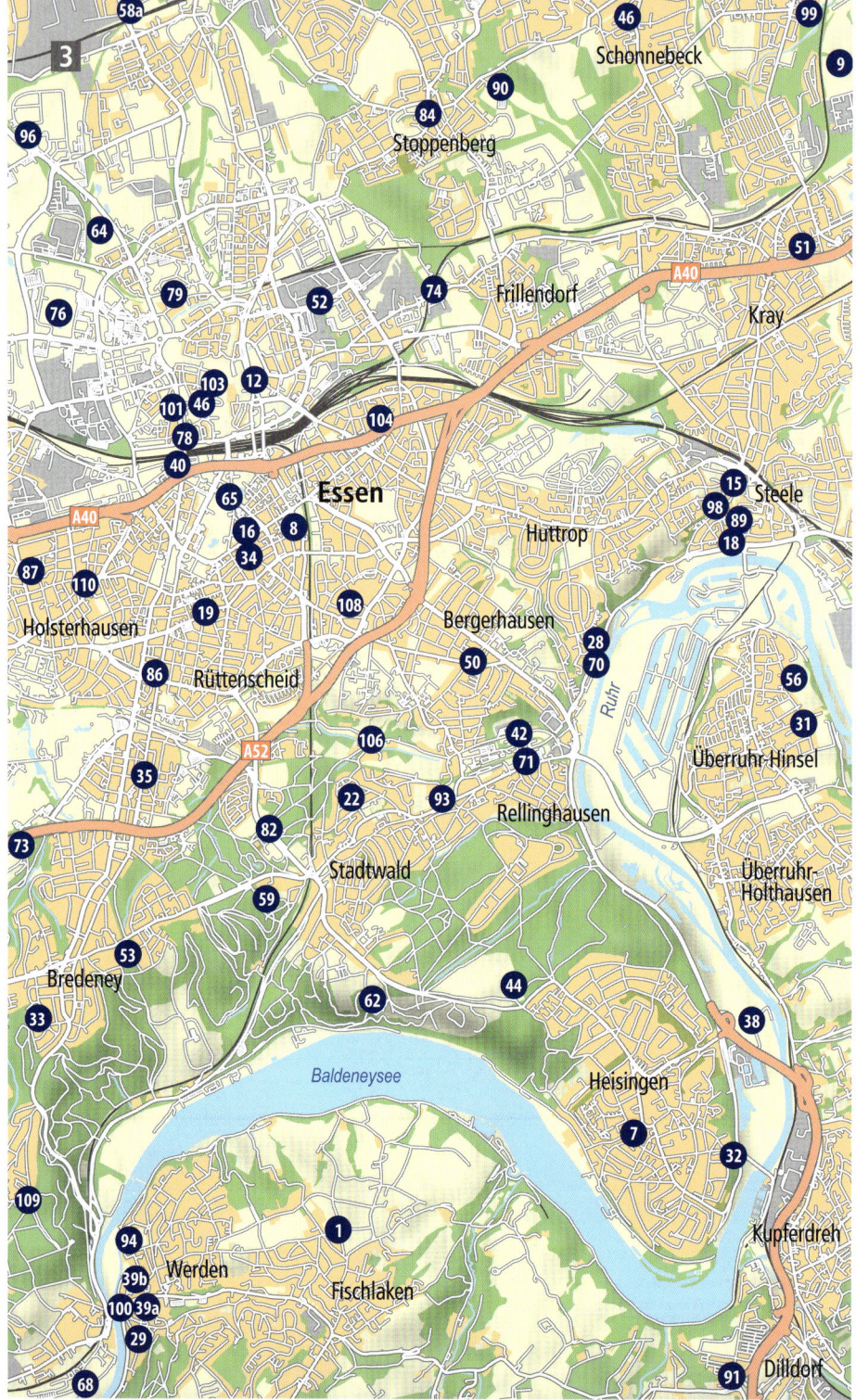

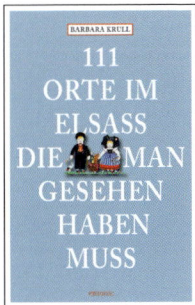

Barbara Krull
111 Orte im Elsass, die man gesehen haben muss
ISBN 978-3-95451-596-7

Beate C. Kirchner
111 Orte in Florenz und im Norden der Toskana, die man gesehen haben muss
ISBN 978-3-95451-513-4

Sina Beerwald
111 Orte auf Sylt, die man gesehen haben muss
ISBN 978-3-95451-511-0

Gerald Polzer, Stefan Spath
111 Orte in Graz, die man gesehen haben muss
ISBN 978-3-95451-466-3

Gerd Wolfgang Sievers
111 Orte der Wiener Küche, die man erlebt haben muss
ISBN 978-3-95451-337-6

Rüdiger Liedtke
111 Orte in München, die man gesehen haben muss
Band 2
ISBN 978-3-95451-043-6

Rüdiger Liedtke
55 ½ Orte rund ums Oktoberfest, die man gesehen haben muss
ISBN 978-3-95451-370-3

Fabian Pasalk
111 Orte im Ruhrgebiet, die man gesehen haben muss
ISBN 978-3-89705-814-9

Fabian Pasalk
111 Orte im Ruhrgebiet, die man gesehen haben muss, Band 2
ISBN 978-3-95451-223-2

Ralf Nestmeyer
111 Orte an der Côte d'Azur, die man gesehen haben muss
ISBN 978-3-95451-563-9

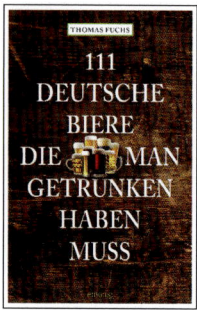
Thomas Fuchs
111 deutsche Biere, die man getrunken haben muss
ISBN 978-3-95451-414-4

Rüdiger Liedtke, Laszlo Trankovits
111 Orte in Kapstadt, die man gesehen haben muss
ISBN 978-3-95451-456-4

Gerd Wolfgang Sievers
111 Orte in Venedig, die man gesehen haben muss
ISBN 978-3-95451-352-9

Eckhard Heck
111 Orte in Maastricht, die man gesehen haben muss
ISBN 978-3-95451-368-0

Petra Sophia Zimmermann
111 Orte am Gardasee und in Verona, die man gesehen haben muss
ISBN 978-3-95451-344-4

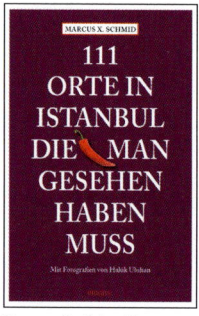
Marcus X. Schmid, Halûk Uluhan
111 Orte in Istanbul, die man gesehen haben muss
ISBN 978-3-95451-333-8

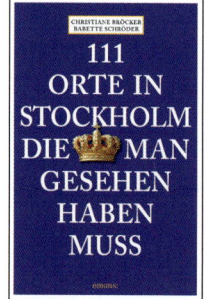
Christiane Bröcker, Babette Schröder
111 Orte in Stockholm, die man gesehen haben muss
ISBN 978-3-95451-203-4

Oliver Schröter
111 Orte für echte Männer, die man gesehen haben muss
ISBN 978-3-95451-228-7

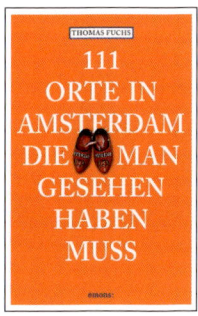

Thomas Fuchs
111 Orte in Amsterdam, die man gesehen haben muss
ISBN 978-3-95451-209-6

Annett Klingner
111 Orte in Rom, die man gesehen haben muss
ISBN 978-3-95451-219-5

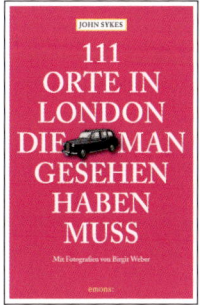

John Sykes, Birgit Weber
111 Orte in London, die man gesehen haben muss
ISBN 978-3-95451-117-4

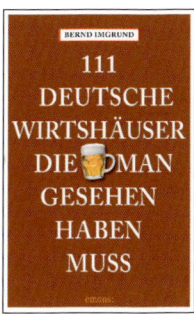

Bernd Imgrund
111 deutsche Wirtshäuser, die man gesehen haben muss
ISBN 978-3-95451-080-1

Susanne Thiel
111 Orte in Madrid, die man gesehen haben muss
ISBN 978-3-95451-118-1

Dirk Engelhardt
111 Orte in Barcelona, die man gesehen haben muss
ISBN 978-3-95451-066-5

Stefan Spath
111 Orte in Salzburg, die man gesehen haben muss
ISBN 978-3-95451-114-3

Ralf Nestmeyer
111 Orte in der Provence, die man gesehen haben muss
ISBN 978-3-95451-094-8

Peter Eickhoff, Karl Haimel
111 Orte in Wien, die man gesehen haben muss
ISBN 978-3-89705-969-6

Rike Wolf
111 Orte in Hamburg, die man gesehen haben muss
ISBN 978-3-89705-916-0

Rüdiger Liedtke
111 Orte auf Mallorca, die man gesehen haben muss
ISBN 978-3-89705-975-7

Lucia Jay von Seldeneck, Verena Eidel, Carolin Huder
111 Orte in Berlin, die man gesehen haben muss
ISBN 978-3-89705-853-8

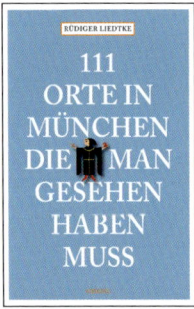

Rüdiger Liedtke
111 Orte in München, die man gesehen haben muss
ISBN 978-3-89705-892-7

Lucia Jay von Seldeneck, Verena Eidel, Carolin Huder
111 Orte in Berlin, die man gesehen haben muss
Band 2
ISBN 978-3-95451-207-2

Bernd Imgrund, Britta Schmitz
111 Kölner Orte, die man gesehen haben muss
Band 1
ISBN 978-3-89705-618-3

Bernd Imgrund, Britta Schmitz
111 Kölner Orte, die man gesehen haben muss
Band 2
ISBN 978-3-89705-695-4

Marx de Morais
111 Orte in Turin und im Piemont, die man gesehen haben muss
ISBN 978-3-95451-736-7

Mercedes Korzeniowski-Kneule
111 Orte in Basel, die man gesehen haben muss
ISBN 978-3-95451-702-2

Der Autor

Fabian Pasalk wurde 1977 in Essen geboren und verbrachte dort die ersten 20 Jahre seines Lebens. Seit seinem Studium lebt er in Köln. Seine Heimatstadt besucht er regelmäßig.

Danksagung

Die schönste Erfahrung, die ich bei der Neuentdeckung meiner Stadt machen durfte, war die Herzlichkeit, mit der ich an den verschiedenen Orten empfangen wurde. Sie zeigte mir erneut auf, dass es neben all der gewachsenen Infrastruktur ein viel lohnenswerteres Gut gibt, sich in diese Stadt zu verlieben – ihre Menschen mit ihrer aufgeschlossenen Art. Ohne die tatkräftige Hilfe und Unterstützung vieler dieser Menschen wäre dieses Buch nie zustande gekommen.

Mein Dank gilt in loser Reihenfolge Herrn Bankmann und den Gartenfreunden Dingerkus, Frau Simone Bauer vom Bauwagenhotel, Frau Friese und Herrn Rüdel vom Ruhrverband, den Eheleuten Bednarek vom Projekt ZKE, Herrn Schmidt vom Zauber Theater, Herrn Kallenberg vom Wildgatter, Herrn Käufer von der Flugschule, Herrn Balter vom Modell-Eisenbahn-Club, Herrn Grieger von der Padel-Anlage, Thomas, Niklas, Julian, Johannes, Christian, Tim, Michael und Tom für die Lehrstunde im Padel, Herrn Döhler und Herrn Dr. Schräer vom Bergbaumuseum, Frau Schwalfenberg für die Vermittlung, Frau Neumeister und Herrn Plaga von der Thyssen-Krupp AG, Herrn Bonnekamp vom Heimat- und Burgverein Essen-Burgaltendorf, Frau Augustin von der EVAG, Herrn Lehmann von der VHAG, Frau Amonat vom Deutschen Roten Kreuz, Herrn Schlösser vom Rotkreuz-Museumsverband, Herrn Wittka, Herrn Zengeler und Herrn Klein von der polizeihistorischen Sammlung, Herrn Eberle vom ChorForum, Herrn Sonnenberg vom Kunstraum Notkirche, Herrn Krause vom Genealogiemuseum, Frau Henkel von der Sternwarte, Frau Imig und Herr Vincent ›m Deutsch-Französischen Kulturzentrum, Herrn Jorczik von der Sauer- ›l, Frau Sölkner vom Burgatelier und meiner Lektorin Saskia Römer.

 ›uflistung ist noch lange nicht vollzählig – alle anderen, die sich nicht rfinden, sollen sich dennoch ihres Anteils an diesem Buch bewusst .uch möchte ich sämtlichen Heimat- und Bürgervereinen, dem Ruhr- d, der Emschergenossenschaft, der EVAG sowie der Stadt Essen für ältigen Hilfen danken.

Familie und meinem Freundeskreis gilt ein besonderer Dank für erwährenden Beistand. Um die Dankbarkeit, die ich für Sarahs finde, auszudrücken, fehlen mir die Worte. Sarah ist mein Grund